JN299790

公益社団法人 **全国経理教育協会** 主催
簿記能力検定試験標準テキスト

3級

商業簿記

公益社団法人
全国経理教育協会 [監修]
佐藤信彦 [編著]

東京　**白桃書房**　神田

序　文

　日本には，多くの検定試験がありますが，年間数万人もの多くの方々が受験している簿記に関する検定試験として，公益社団法人全国経理教育協会主催簿記能力検定試験があります。この「全経簿記能力検定試験」は，文部科学省および日本簿記学会の後援を得ているわが国屈指の検定試験です。

　主催団体が(公社)全国経理教育協会であることから，専門学校に通う学生が受験するものという印象を受けるかもしれませんが，「全経簿記能力検定試験」は出題内容が信頼され，しかも合格率が安定しているなど，多くの理由で，専門学校生のみならず，大学生や一般社会人も多く受験しています。しかしながら，これまで，受験するために活用できる教材がそろっていなかったことから，長い間，受験生はもちろんのこと，大学や専門学校などで受験指導を行う教員の方々からも，信頼できるテキストが必要であるとの声が(公社)全国経理教育協会に数多く寄せられていました。

　そこで，(公社)全国経理教育協会からの依頼に応える形で，ここに，全経簿記能力検定試験3級を対象としたテキストを作り上げました。

　本書には，次のような読者（学ぶ側）と教員（教える側）を想定した工夫が凝らされています。

　　第1に，図や表を多く用いています。それにより，視覚的に理解できるようにしています。
　　第2に，簡潔にすべきところは簡潔に説明し，逆に，仕訳や計算がそのように行われる理由など，重要なところはくどいぐらい丁寧に説明しています。それにより，暗記に頼らない，理解する学習を可能にしています。

第3に，前期（4月～7月）又は後期（9月～1月）の講義期間に合わせて学習できるように全体を13章にしています。それにより，7月又は2月下旬の検定試験が受験できます。なお，講義回数を週2回にすれば，倍速での受験も可能です。

　本書を手にされている皆さん，検定試験の合格はすぐ目の前にあります。その栄冠を自分のものとするのは，みなさん自身のやる気と努力，そして本書です。皆さんが合格されることを，執筆者一同，心から応援しています。

　平成24年3月

編著者　佐　藤　信　彦

目　次

序　文

第1章　複式簿記の基礎概念

Ⅰ　簿記の役割 …………………………………………………………………… 2
　1　企業活動と会計情報　2
　2　内部利用目的―事業主にとっての役立ち　3
　　(1)　財産管理　3　　(2)　経営管理　4
　3　外部利用目的　4

Ⅱ　複式簿記の記帳方法 ………………………………………………………… 5
　1　事業活動の実態―現金循環過程　5
　2　仕訳―取引の生起順の記録（企業活動の歴史）　6
　　(1)　仕訳の形式と記入のルール　6　　(2)　取引要素の分解　7
　　(3)　仕訳のルール　9　　(4)　金額記入のルール　11
　3　転記―取引の要素別の記録（項目別の残高の把握）　11
　　(1)　増減記録と勘定記入…「記入のルールは仕訳と同じ」　11

練習問題 …………………………………………………………………………… 15
解答・解説 ………………………………………………………………………… 16

第2章　現金預金取引①

Ⅰ　現　　金 ……………………………………………………………………… 18
　1　現金の範囲　18
　2　現金過不足　20

Ⅱ　預　　金 ……………………………………………………………………… 22

1　預金の種類　22
　　　2　当座預金　23
　　　3　当座借越　24
　　　　(1)　二勘定制　24　　(2)　一勘定制　25
練習問題 ･･ 29
解答・解説 ･･ 30

第3章　現金預金取引②

Ⅰ　現　　金 ･･ 32
　　　1　現金出納帳　32
　　　2　小口現金と小口現金出納帳　35
Ⅱ　預　　金 ･･ 39
　　　1　当座勘定出納帳　39
　　　2　各種預金　41
練習問題 ･･ 43
解答・解説 ･･ 45

第4章　商品売買取引①

Ⅰ　分記法 ･･ 48
Ⅱ　売上原価対立法 ･･ 50
Ⅲ　三分法 ･･ 52
Ⅳ　売上・仕入における返品と値引 ･･ 54
　　　1　売上返品と売上値引　54
　　　2　仕入返品と仕入値引　55
Ⅴ　仕入諸掛と発送費 ･･ 56
　　　1　仕入諸掛　56
　　　2　発送費　56
練習問題 ･･ 59

解答・解説 …………………………………………………………………… 60

第5章 商品売買取引②

Ⅰ 売上帳と仕入帳 ……………………………………………………… 64
　1 売上帳　64
　2 仕入帳　64
Ⅱ 商品有高帳 ……………………………………………………………… 68
　1 商品有高帳の意義　68
　2 先入先出法　68
Ⅲ 内金・商品券 …………………………………………………………… 71
　1 前受金と前払金　71
　2 商品券　72
練習問題 …………………………………………………………………… 74
解答・解説 ………………………………………………………………… 76

第6章 商品売買取引③

Ⅰ 掛取引 …………………………………………………………………… 78
　1 売掛金と買掛金　78
　2 人名勘定　78
　3 売掛金元帳と買掛金元帳　78
Ⅱ 手形取引 ………………………………………………………………… 82
　1 手形の分類　82
　2 約束手形　82
　3 為替手形　83
　4 手形の裏書譲渡　85
　　(1) 手形の裏書き　85　(2) 手形の割引　86
　5 受取手形記入帳と支払手形記入帳　86
Ⅲ 貸倒れ …………………………………………………………………… 89

1　貸倒損失の計上　　89
　　2　貸倒引当金の設定と取崩　　90
　　3　貸倒引当金の設定方法　　91
練習問題 …………………………………………………………………… 93
解答・解説 ………………………………………………………………… 94

第7章　資金貸借取引

Ⅰ　借用証書等による資金貸借取引 …………………………………… 96
　　1　取引の概要　　96
　　2　会計処理（仕訳）　　97
　　　⑴　資金の貸付・借入時　97　　⑵　資金の返済時　97
　　　⑶　利息の受け払い時　98

Ⅱ　手形による資金貸借取引 …………………………………………… 101
　　1　取引の概要　　101
　　2　会計処理（仕訳）　　102
　　　⑴　資金の貸付・借入時　102　　⑵　資金の返済時の処理　103

練習問題 …………………………………………………………………… 105
解答・解説 ………………………………………………………………… 106

第8章　有価証券取引

Ⅰ　株式の売買取引 ……………………………………………………… 108
　　1　株式とは何か　　108
　　2　会計処理（仕訳）　　108
　　　⑴　買い入れた時　108　　⑵　売却した時　109

Ⅱ　債権の売買取引 ……………………………………………………… 111
　　1　債券とは何か　　111
　　2　会計処理（仕訳）　　112
　　　⑴　買い入れた時　112　　⑵　売却した時　113

練習問題 ……………………………………………………………………… 115
解答・解説 …………………………………………………………………… 116

第9章　固定資産取引（取得と減価償却）

Ⅰ　固定資産とは ……………………………………………………………… 118
Ⅱ　固定資産の取得 …………………………………………………………… 119
Ⅲ　固定資産会計の考え方 …………………………………………………… 120
Ⅳ　固定資産の利用―減価償却費 …………………………………………… 122
Ⅴ　固定資産と現金循環過程 ………………………………………………… 126
練習問題 ……………………………………………………………………… 129
解答・解説 …………………………………………………………………… 130

第10章　その他の取引

Ⅰ　支払い内容や金額の不確定な金銭の受け払い取引 …………………… 133
　1　仮払金　133
　　(1)　取引の概要：仮払金とは何か　133
　　(2)　仮払金の会計処理（仕訳）　133
　2　仮受金　134
　　(1)　取引の概要：仮受金とは何か　134
　　(2)　仮受金の会計処理（仕訳）　134
Ⅱ　取引相手が負担すべき金銭の受け払い取引 …………………………… 135
　1　立替金　135
　　(1)　取引の概要：立替金とは何か　135
　　(2)　立替金の会計処理（仕訳）　135
　2　預り金　136
　　(1)　取引の概要：預り金とは何か　136
　　(2)　預り金の会計処理（仕訳）　137
Ⅲ　その他個人商店固有の取引 ……………………………………………… 138

目次　vii

1　引出金　138
　　　　(1)　資本取引とは何か　138　　(2)　引出金の会計処理　138
　　　2　個人事業主の税金　140
練習問題……………………………………………………………………… 141
解答・解説…………………………………………………………………… 142

第11章　精算表・損益計算書および貸借対照表（決算整理）

Ⅰ　決算整理仕訳……………………………………………………… 145
　　　1　現金過不足の決算整理　145
　　　2　売上原価の算定　146
　　　3　貸倒引当金の設定　148
　　　4　減価償却費の計上　150
　　　5　引出金の整理　151
Ⅱ　精算表とB/S・P/L ……………………………………………… 152
練習問題……………………………………………………………………… 154
解答・解説…………………………………………………………………… 156

第12章　帳簿決算

Ⅰ　簿記一巡の手続………………………………………………………… 160
Ⅱ　決算手続………………………………………………………………… 161
　　　1　試算表の作成　161
　　　2　棚卸表の作成　164
　　　3　決算整理　164
　　　4　帳簿締切　164
　　　　(1)　損益振替手続　165　　(2)　資本振替手続　165
　　　　(3)　繰越資産表の作成　167
　　　5　決算書の作成　169

| 練習問題 | 175 |
| 解答・解説 | 176 |

第13章　伝票会計

Ⅰ　伝票会計とは	178
Ⅱ　伝票の種類	178
Ⅲ　伝票記入	179
1　入金伝票　179	
2　出金伝票　181	
3　振替伝票　181	
Ⅳ　一部現金取引	182
練習問題	186
解答・解説	188

検定試験過去問題

第164回（平成23年2月）	192
模擬問題①	209
模擬問題②	227

| 全国経理教育協会簿記能力検定試験とは | 245 |

第1章 複式簿記の基礎概念

ポイント

□ 複式簿記は，資産，負債，資本，収益および費用の5要素に，事業において行われた取引を分解して記録する。資本は純資産をいうこともある。

□ 事業活動は，次のような現金循環過程として表現できる。

図表1-1　現金循環過程（cash-to-cash cycle）

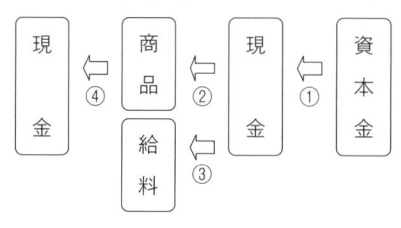

現金 ⇐④ 商品／給料 ⇐②③ 現金 ⇐① 資本金

□ 簿記の記録は，事業主の必要から行われるが，それには，自分で事業活動に関する情報を把握するため（内部利用目的）と，事業に関係ある外部者に提供する情報を作成する基礎とするため（外部利用目的）のふたつがある。

□ 記入は，すべて借方または貸方に行われるが，それには，取引の発生順の記録である仕訳と，項目別の記録である転記とがある。

□ 記入には，次のとおりルールがある。

図表1-2　記入のルール

借方記入項目	貸方記入項目
資産の増加	資産の減少
負債の減少	負債の増加
資本（純資産）の減少	資本（純資産）の増加
費用の発生	収益の発生

□ 借方貸方への記入のルールは仕訳も転記も，どちらも同じである。

Ⅰ 簿記の役割

1 企業活動と会計情報 ●●●

　企業は，商品を購入し，それを販売し，従業員に給料を支払うなど，様々な活動を行っています。その活動は，商取引と呼ばれますが，それを個人として行うことも，会社を設立して行うこともできます。ここでは，個人で事業活動を行っている場合を前提にして，その個人が行う商取引を説明していきます。つまり，前提としているのは会社ではありません。

　さて，事業の営みは，基本的に商品の購入と販売，つまり商業です。このとき，商品の購入を「仕入」，商品の販売を「売上」と表現します。ビジネスの基本は，いくらで仕入れた商品をいくらで売り上げるかということになります。

> **例題 1-1**
> (1) A氏は，現金1,000万円を元入れして商業を開始した。
> (2) A氏は，商品480万円を購入し代金は全額現金で支払った。
> (3) A氏は，上記の商品全部を600万円で販売し代金は全額現金で受け取った。

　この例題1-1では，A氏は，自分が商業を営むために，まず1,000万円を元手として準備し，事業を始めました。これを元入れ，A氏を事業主と呼びます。この事業に関して，上記の例題1-1のように取引を行った後，A氏がこの事業（商業）でどれだけの儲けがあり，その結果，どのように元手（現金）を増やしたかを計算書の形式で示せば次のとおりになります。

損益計算書 (単位：万円)			貸借対照表		(単位：万円)	
I 売 上 高		600	現 金	1,120	資本金	1,120
II 売 上 原 価		480			(元手 1,000　利益 120)	
売上総利益		120	合 計	1,120	合 計	1,120

　480万円で仕入れた商品を600万円で売り上げた訳ですから，120万円の利益が生じています。また，もともと1,000万円の元手（現金）が，その利益（120万円）だけ，増加しています。このように，事業活動がどのように行われたかをだれが見てもわかるように報告書にして明らかにすることができます。逆に言えば，この報告書に示されたような計算をしなければ，その事業によって儲かっているのか，つまり利益が出ているのか，それとも損をしているのかは計算できないのです。この計算を行うために必要なことは，いつだれとどのような取引を行ったかを漏れなく把握しておくことです。

　取引数が少なければA氏自身が記憶しておくことも可能ですが，取引数が増えたり，複雑な取引を行ったりするようになると，そのすべてを記憶するのは困難です。そこで，記録という手段がとられます。どのような取引をいつどれだけ行ったかを漏れなく把握するためには，記録にとどめておくことが必要不可欠です。この記録を行うことを簿記といいます。

2　内部利用目的―事業主にとっての役立ち ●●●

　簿記には様々な役立ちがあります。まず，商取引を行う主体である事業主にとっての役立ちについて説明します。

(1)　財産管理

　事業主は様々な財産を使用して事業活動を遂行します。そのとき，どの財産をどれだけ購入し，またどれだけ売却または廃棄したのかを，漏れなく記録しておくことによって，存在しているはずの金額や数量を把握することができます。その金額や数量と実際に存在している金額や数量と比較したとき，そこに差があり，実際の金額や数量の方が少なければ，その財産が何らかの原因によって減少したにもかかわらず，その事実を把握できていないことが判明します。

その財産を適切に管理していてもどうしても生じてしまうような原因であれば、事業努力によってできるだけ少なくすることが必要ですし、場合によっては盗難や、着服・横領といった犯罪が原因であるかもしれません。そのような犯罪はあってはならないことですから、それに対して法律的にも何らかの措置をとる必要があります。いずれにせよ、何らかの原因で財産の不足が生じたという事実は、記録によって存在するはずの金額や数量が把握されていなければ発見できないのです。

(2) 経営管理

経営者は、自分が行っている事業が果たしてうまくいっているのかどうかについて、常に気を配る必要があります。すでに述べましたが、損が出ていればうまくいっていないと言えます。しかし、逆に、利益が出ていればうまくいっていると言えるかといえば、そうではありません。利益が少なければ、それは損をしていないだけの話であって、もっと経営効率を上げて、多くの利益を上げる必要があると言えます。

経営効率は、単純に言うと、いくらで仕入れていくらで売るかが問題で、その差額として損益は計算されます。このとき、仕入れ代金だけがコストとして負担しなければならないわけではなく、事務所を借りていれば家賃がかかりますし、家賃がかからなくても、水道代や電気代、取引相手との商談に行くための交通費、遠方へ出張に行けば旅費や宿泊費がかかります。これらすべてのコストを負担してさらに充分な利益を上げているかどうかを把握するためには、そのすべての負担に関する記録を整えることが必要不可欠です。

3　外部利用目的 ●●●

法人だけではなく「人」はみな、少なくとも毎年1回、納税する義務があります。そのとき、納付すべき税金の金額は、課税する側である税務当局が金額を決定して納税を求める形ではなく、納税者自らが所得を計算し、それに基づいて納税する申告納税制度が、わが国の納税の仕組みです。そのために作成される書類が、「納税申告書（tax return）」です。納税申告書の数値が正しいことを立証するためには、納税者自身がどのような所得を得たかを自分自身で把

握しておかなければなりません。そのためのデータ・ベースとしても，簿記記録は必要なのです。

　また，お金が足りなくなったときに，銀行などから借りてくることになりますが，将来返済期限が来たときに返せるだけの事業活動かどうかを銀行等が知ろうとするとき，必ず決算書の提出を求められるのも，そこに重要な情報が記載されているからですが，すでに述べたとおり，決算書は簿記記録がなければ作成することができないのです。

II　複式簿記の記帳方法

1　事業活動の実態─現金循環過程　●●●

　例題1-1のように，商業は，基本的には売るための商品を仕入れて，それを販売します。それは，元手としての資金（現金）を集め，集めた現金を使って，売るための商品の仕入れ代金を支払い，さらに，仕入れた商品を売って，その代金を回収するというサイクルです。すべての取引が，すぐに現金の受払いによって決済されるという最も単純化された状態ですが，図にすると，次のとおりです。

図表1-1　現金循環過程（cash-to-cash cycle）

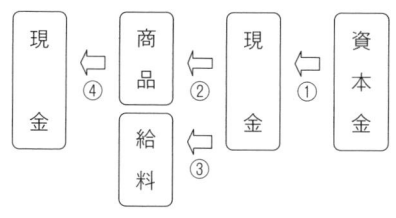

現金 ⇐ 商品 ④ ⇐ 現金 ② ⇐ 資本金 ①
　　　　給料 ③ ⇐

　①は，事業主からの元入れで，その意味は，事業のための資金（現金）を準備するということです。②は，仕入，つまり商品の購入で，商品を取得しますが，その代わりに仕入れ代金を支払います。③は，給料の支払いで，従業員や

アルバイトに対して,それまで働いてもらった分の報酬を現金で支払います。④は,売上,つまり商品の販売です。販売代金を受け取りますが,ここでは即座に現金で受け取ることを想定しています。

2　仕訳―取引の生起順の記録（企業活動の歴史）●●●

(1)　仕訳の形式と記入のルール

　上記のような取引は,事業主の財産を増減させます。それを記録するとき,簿記では,次のような形式を用います。これを「仕訳（しわけ）」といいます。「仕分け」ではありませんので,注意して下さい。

| 形式1 | （借方）勘定科目　金額　　（貸方）勘定科目　金額 |

　なお,テキストなどにおける仕訳の形式には,次のようなものもありますが,意味は同じです。

形式2	（借）勘定科目　金額　　（貸）勘定科目　金額
形式3	（勘定科目）金額　／　（勘定科目）金額
形式4	（借）勘定科目　金額 　　（貸）勘定科目　金額

　これは,取引をふたつの側面から捉えることで,その取引がどのような内容のものであったかを,一定のルールの下で記録することで,記録者以外の人が,その記録を見た場合でも,その意味が理解できるようになっています。そのルールは,次のとおりです。

図表1-2　記入のルール

借方記入項目	貸方記入項目
資産の増加	資産の減少
負債の減少	負債の増加
資本（純資産）の減少	資本（純資産）の増加
費用の発生	収益の発生

この表の考え方は，簿記では，事業活動が資産，負債，資本，収益および費用といった5要素に照らして，その増減や発生として捉えられたときに，その取引を記録するというものです。これら5要素を取引要素といいます。なお，資本は純資産と表現することもあります。

ここで，大雑把にですが，5要素の意味を説明しておくと，次のとおりです。

要素	意味	例
資産	プラスの価値をもったもの	現金，預金，商品，建物，土地
負債	マイナスの価値をもったもの	借金，未払いの給料や退職金
資本	資産が負債を超えた分	元手，利益
収益	純資産の増加原因	商品の売買益，利息の受取分
費用	純資産の減少原因	給料の支払分，利息の支払分

(2) 取引要素の分解

上述の「図表1-1　現金循環過程」の①～④を例に取引要素に分解すれば次のとおりです。

① 資金調達

まず，元手を用意しているのが，①です。ここで注意しなければならないことは，事業主としての立場と事業主個人の立場です。これは，事業活動で循環している現金の計算と，事業主個人の現金の計算とを区別するということです。もともと個人で事業を行っている事業主（個人企業）の場合，事業用であれ，全くの個人用であれ，すべての財産がその事業主のものですから，それぞれ区別して管理する義務は法的にはありません。しかし，区別していなければ，一定金額の財産が増えたり減ったりしても，その事業がうまくいって儲かった結果なのか，それとも個人的に宝くじが当たった結果として増えたのかが分からなくなってしまいます。つまり，事業に関連ある部分だけで，計算を行う必要があるのです。このことを，「**店と奥の分離**」といいます。

①についても，事業主としての立場と事業主個人の立場とを区別して考えなければなりません。事業主個人の立場からは，その事業にお金を出すことで事業以外に使用できる現金は減少していますが，事業主の立場からは，事業に使

用できる現金がゼロからその金額まで増加しています。つまり，事業主の立場からは，現金という資産の増加です。一方で，それまでゼロであった元手が，その金額まで増加しています。つまり，資本金という資本の増加です。したがって，事業主の立場からは，この取引は「**資産（現金）の増加と資本（資本金）の増加**」という形での取引要素の結合に分解されます。

② **商品の購入**

商品を購入して，その代金を現金で支払ったという取引は，現金という資産はその支払額だけ減少しますが，それとともに，その支払いによって購入した商品という資産が増加しています。したがって，この取引は「**資産（商品）の増加と資産（現金）の減少**」という形での取引要素の結合に分解されます。

③ **給料の支払い**

給料を現金で支払ったという取引は，現金という資産がその支払額だけ減少します。②のケースでは，ある資産（現金）が減少する代わりに，新たに別の資産（商品）を取得しますが，③のケースでは，新たな資産を取得するのではなく，すでに従業員から提供してもらった労働に対して，その代価（報酬）を支払っていますので，この場合には，給料という費用が発生しています。したがって，この取引は「**費用（給料）の発生と資産（現金）の減少**」という形での取引要素の結合に分解されます。

④ **商品の販売**

商品を販売するということは，商品という資産が減少する代わりに，その販売代金を受け取ることを意味します。たとえば，100円で購入した商品を160円で販売し，代金分だけの現金を受け取れば，100円の商品が減少し，160円の現金が増加します。この差額60円（＝160円－100円）は，商品を販売したことによる利益，つまり商品販売益という収益の発生と捉えることになります。したがって，この取引は「**資産（現金）の増加と資産（現金）の減少および収益（商品販売益）の発生**」という形での取引要素の結合に分解されます。なお，商品の売買に関する取引要素の分解の考え方には，これ以外にもいくつかありますが，ここで示した商品売買取引の把握の仕方を「分記法」と呼びます。

例題 1 - 2

以下の取引を，取引要素の結合関係によって表現しなさい。

1/1　B氏は現金5,000円の元入れによって，B社を設立した。
8/1　B氏は商品3,000円を購入し，代金は全額現金で支払った。
10/1　B氏は上記の商品全部を4,500円で販売し，代金全額を現金で受け取った。
12/1　B氏は事務所の賃借料300円を現金で支払った。

解答

1/1	資産（現金）の増加　5,000円	資本（資本金）の増加　5,000円
8/1	資産（商品）の増加　3,000円	資産（現金）の減少　3,000円
10/1	資産（現金）の増加　4,500円	資産（商品）の減少　3,000円
		収益(商品販売益)の発生　1,500円
12/1	費用(支払賃借料)の発生　300円	資産（現金）の減少　300円

(3) 仕訳のルール

仕訳は，上記の取引要素の結合関係から，「図表1-2　記入のルール」に従って記入します。つまり，資産は増加が借方，減少が貸方，負債と純資産（資本）は増加が貸方，減少が借方，費用の発生は借方，収益の発生は貸方といった具合です。

例題 1 - 3

例題1-2の取引を仕訳しなさい。

解答

1/1	（借）現　　　金	5,000	（貸）資　本　金	5,000
8/1	（借）商　　　品	3,000	（貸）現　　　金	3,000

Ⅱ　複式簿記の記帳方法

10/1	(借)現　　金	4,500	(貸)商　　品	3,000		
			商品販売益	1,500		
12/1	(借)賃　借　料	300	(貸)現　　金	300		

　さて，一見，図表 1 - 2 をすべて覚えなければならないような負担を感じますが，資産の増加が借方ということさえ覚えてしまえば，あとは他のそれぞれの項目との関係から，容易に推測することができます。つまり，増加と減少は逆で，資産と負債も逆で，純資産（資本）は負債と同じ，費用の発生と収益の発生も逆です。

　また，「図表 1 - 1 　現金循環過程」を覚えておけば，大枠をつかむことができます。というのも，この表は，左から右へつながった形で表現されていますが，実は①から④をそれぞれ切り離せば，次のとおり変形することができます。

①	現金	⇐	資本金
②	商品	⇐	現金
③	給料	⇐	現金
④	現金	⇐	商品
		〈差額〉	商品販売益

　①は元手（資本金）として現金を用意したことを意味し，②は現金が商品に変わったことを意味し，③現金が消えて（減少して）給料が発生したことを意味し，④は商品がその金額を超過する金額の現金に代わったことで，その差額分の利益が生じたことを意味します。例題 1 - 3 の仕訳と，同じ記録であることが分かるでしょう。左の項目が借方への記入，右の項目が貸方への記入という形で，①から④のケースについては表現できるということになります。このとおりに，借方と貸方を決定して記入すればよいのです。つまり，「図表 1 - 1 　現金循環過程」における各要素を，ふたつずつ切り取って縦に並べると，仕訳が自動的に出来上がるわけです。

(4) 金額記入のルール

ところで，これまでの説明等において，金額を記入するときに「，」（カンマ）を用いて3桁ずつを区切っていることにお気付きでしょうか。これを「位取り」といいます。たとえば，100万円は，すべてアラビア数字で表現すると，「1,000,000円」となります。1億円は，「100,000,000円」です。これは，金額の桁がすぐに分かるようにされている工夫です。なぜならば，「1000000円」や「100000000円」と表記してしまうと，ゼロを一つずつ数えなければ，一体いくらなのかが分からないことからも明らかでしょう。

ところが，電卓では，これまでの説明とは異なり，100万は，「1'000'000」と表示されます。つまり，「，」（カンマ）は行の上にあります。これは，電卓で正しい表記である「1,000,000円」と表すと，小数点以下を表現する「．」（ピリオドまたはドット）と見間違いやすく，かえって混乱させてしまう怖れがあるために，行の下ではなく上に表記するようにしてあるのです。

したがって，みなさんが検定試験の解答用紙に記入するときに，正しい位取りをしなかったり，かつ正しい場所に「，」を書かなかったりすれば，それは誤答として取り扱われたり，あるいは少なくとも減点されたりしますので，注意して下さい。

3 転記─取引の要素別の記録（項目別の残高の把握）● ● ●

(1) 増減記録と勘定記入…「記入のルールは仕訳と同じ」

企業は，その財産の管理を適切に行い，自らが行った経済活動を的確に把握するために資産，負債，資本，収益および費用の項目ごとの増減変化を記録します。その記録を行う場所がすでに述べた勘定です。これへの記入においても，すでに見た借方貸方記入項目の一覧表「図表1-2」のとおりに記入が行われます。つまり，現金であればそれは資産項目であるので，その増加は借方に，減少は貸方に記入します。たとえば，7月7日に「商品を購入し，代金300円は現金で支払った。」という取引について仕訳と転記の関係を示せば次頁のとおりです。

仕訳で借方に記入された金額が，その科目を表す勘定においても借方に記入されます。たとえば，7月7日に商品を仕入れることで商品は増加しています。

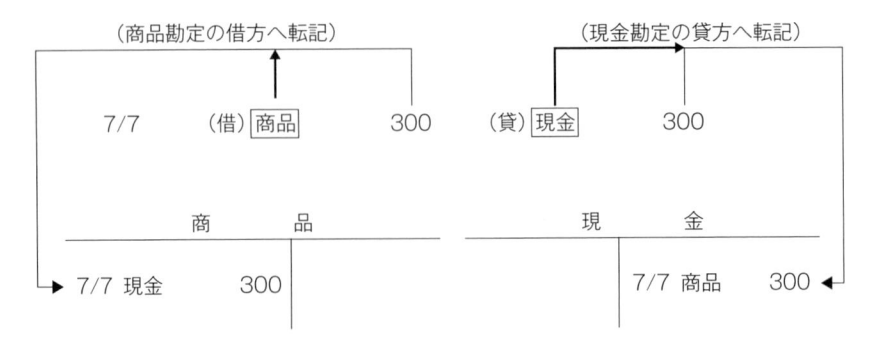

```
                （商品勘定の借方へ転記）              （現金勘定の貸方へ転記）

     7/7   （借）商品    300      （貸）現金    300


            商     品                  現     金
     ─────────────────────         ─────────────────────
      7/7 現金    300                          7/7 商品   300
```

　増加した金額は300です。そのことは，仕訳において借方に増加した金額だけ記入することで表現していますが，それを商品勘定においても同様に表現することで，商品勘定は，商品がどれだけ増加したかを表すことができるようになっています。減少した場合も同様に記入します。つまり，転記によって各勘定は，その科目が表している勘定の増減を表現しています。

　したがって，転記では，商品勘定が仕訳で現れたときの反対側，この場合は貸方である「現金　300」を記入しているわけでは決してありません。あくまでも，その科目が表している勘定がどれだけ増加減少したかを記入しなければなりません。例題1-3の現金勘定に関して，仕訳と転記の関係を以下に示しておきましょう。ただし，上述の転記の例で金額の前に勘定科目を記入している部分については，省略します。この記入から，現金の当期中の増加は借方合計の14,500円，減少は貸方合計の3,300円であると分かり，その差引で，12月31日現在の残高は11,200円であると計算できます。

```
 ┌─────────────────────────────────────────────────────────────┐
 │ （借方現金の仕訳）            現    金         （貸方現金の仕訳） │
 │ 1/1 （借）現金  5,000 → 1/1  5,000 │ 8/1  3,000 ← 8/1 （貸）現金  3,000 │
 │ 10/1（借）現金  4,500 → 10/1 4,500 │ 12/1  300  ← 12/1（貸）現金   300 │
 └─────────────────────────────────────────────────────────────┘
```

　さて，金額の前に記入する勘定科目ですが，それは，基本的には相手勘定です。したがって，相手勘定がひとつであれば問題ありませんが，10月1日の取引のように，相手勘定がふたつある場合には，その両方を記入するのかという疑問がわくでしょう。このとき，約束事として，「諸口」と記入することにな

っています。つまり、「諸口」の記入は相手勘定がふたつ以上あることを意味します。そのため、10月1日の取引の本当の仕訳は次のとおりです。

10/1	（借）現　　　金	4,500	（貸）諸　　　口	
			商　　　品	3,000
			商品販売益	1,500

ただ、一般的な説明では、この「諸口」の記入は省略されることがほとんどですから、例題1-3の解答でも省略しました。

例題1-4
例題1-2の取引を転記しなさい。

解答

　　　　現　　金
| 1/1 | 資本金 | 5,000 | 7/1 | 商品 | 3,000 |
| 10/1 | 諸　口 | 4,500 | 12/1 | 賃借料 | 300 |

　　　　資　本　金
| | | | 1/1 | 現金 | 5,000 |

　　　　商　　品
| 7/1 | 現金 | 3,000 | 10/1 | 現金 | 3,000 |

　　　　商品販売益
| | | | 10/1 | 現金 | 1,500 |

　　　　賃　借　料
| 12/1 | 現金 | 300 | | | |

すべて、仕訳と同じ側、つまり仕訳で借方に記入されていれば勘定においても借方に記入され、仕訳で貸方に記入されていれば、勘定においても貸方に記入されていることが分かるでしょう。なお、10月1日の取引は、現金4,500円の相手勘定が商品（3,000円）および商品販売益（1,500円）とふたつあるために「諸口」となっています。

コラム1　借方記入と貸方記入の覚え方

　本章で説明した内容の中で，どうしても不味乾燥で，理解できないと思ってしまうのが，「資産の増加は借方記入」や「収益の発生は貸方記入」などの，図表1-2「借方貸方記入のルール」です。暗記してしまえと思ってみても，よく「学習で重要なのは，暗記よりも理解だ。」と言われると，それではだめだと思ってしまいます。

　でも，心配はいりません。なぜなら，この記入のルールは，いわゆる「決めごと」で，理由はないのですから，理解することなど不可能だからです。「決めごと」とは，「どちらでもよいことも，どちらかに決めておかないと不便だから，どちらかに決めておくこと」ということです。したがって，なぜ借方に記入するのかの答えは，「そう決めたから。」ということになります。ただし，ここで重要なことは，「資産の増加」も「負債の増加」も「費用の発生」も全部バラバラで，借方と貸方のどちらに記入しようがどうでもよいわけではないということです。

　簿記の5要素である，「資産」，「負債」，「資本（純資産）」，「収益」，「費用」は，相互に関連していますので，何か一つの記入を借方と決めてしまえば，それに連動して，他のすべての記入を借方と貸方のどちらに記入するかが決まってしまいます。つまり，借方に記入する項目と貸方に記入する項目との仲間関係が存在しているということです。それを表すのが，次の試算表等式です。

$$資産＋費用＝負債＋資本（純資産）＋収益$$

　あとあと出てくる残高試算表などで，今後よく目にすることになりますので，完璧に覚えて下さい。この表から，(1)「資産・費用」と「負債・資本（純資産）および収益」とはグループが異なること，つまり，逆の記入になることと，(2)資産・負債・資本（純資産）の増加減少が，それぞれ逆になることさえ覚えればよいということになります。そして，ここでの「決めごと」は，「資産は左にしましょう。」ということです。これにより，「資産の増加は借方に」が始まり，減少はその逆だから「貸方に」になり，また，負債は資産と逆だから，「負債の増加は貸方に」という具合に，次々に借方と貸方のどちらに記入するかが決定されていくのです。

練習問題

【問題 1 − 1】

C氏が行った以下の取引（事業活動）を仕訳し，転記しなさい。

1/1　C氏は現金10,000円を元入れして事業を開始した。
3/1　C氏は備品一式1,500円を購入し，全額現金で支払った。
6/1　C氏は商品7,000円を購入し，代金は全額現金で支払った。
8/1　C氏は商品（原価4,000円）を7,500円で販売し，代金全額を現金で受け取った。
10/1　C氏は従業員に対し給料2,000円を現金で支払った。
12/1　C氏は水道代150円と電気代250円を現金で支払った。

【問題 1 − 2】

以下の仕訳から，その取引を推定しなさい。

(1)	(借) 商　　品	1,000	(貸) 現　　金	1,000
(2)	(借) 備　　品	2,000	(貸) 現　　金	2,000
(3)	(借) 現　　金	3,000	(貸) 資 本 金	3,000
(4)	(借) 現　　金	4,000	(貸) 商　　品	3,000
			商品販売益	1,000
(5)	(借) 支 払 家 賃	5,000	(貸) 現　　金	5,000
(6)	(借) 普 通 預 金	6,000	(貸) 現　　金	6,000

解答・解説

【問題1-1】

1/1	(借)現　　　金	10,000	(貸)資　本　金	10,000
3/1	(借)備　　　品	1,500	(貸)現　　　金	1,500
6/1	(借)商　　　品	7,000	(貸)現　　　金	7,000
8/1	(借)現　　　金	7,500	(貸)諸　　　口	
			商　　　品	4,000
			商品販売益	3,500
10/1	(借)給　　　料	2,000	(貸)現　　　金	2,000
12/1	(借)水道光熱費	400	(貸)現　　　金	400

```
          現      金                              資  本  金
1/1 資本金 10,000  3/1 備  品 1,500                    │1/1 現  金 10,000
8/1 諸  口  7,500  6/1 商  品 7,000
                  10/1 給  料 2,000
                  12/1 水道
                       光熱費   300

          商      品                              商品販売益
6/1 現  金  7,000  8/1 現  金 4,000                   │8/1 現  金  3,500

          給      料                              水道光熱費
12/1 現  金 2,000 │                  12/1 現  金 400 │
```

【問題1-2】

(1) 「商品1,000円を購入して、代金を現金で支払った。」商品が1,000円増加して、現金が同額減少したので。

(2) 「備品2,000円を購入して、代金を現金で支払った。」

(3) 「3,000円の元入れがあった。」資本金と現金がともに増加しているので。

(4) 「3,000円で購入した商品を4,000円で販売し、代金は全額現金で受け取った。」現金が4,000円増加する代わりに、商品が3,000円減少し、差額が商品販売益1,000円として把握されているので。

(5) 「家賃5,000円を現金で支払った。」

(6) 「現金6,000円を普通預金に預け入れた。」

第2章 現金預金取引①

ポイント

□ 簿記上，現金勘定に含まれるものは，通貨と通貨代用証券である。
　　通貨…紙幣，硬貨
　　通貨代用証券…他人振出小切手，送金小切手，郵便為替証書，株式配
　　　　　　　　　当金領収証，支払期日が到来した公社債の利札など
　現金が増加したときは現金勘定（資産）の借方に記入し，現金が減少したときは現金勘定（資産）の貸方に記入する。

□ 会計帳簿上の現金残高と実際の現金有高を照合し，両者が一致しない状態を現金過不足という。現金過不足を生じた際には，現金過不足勘定にて記帳を行うが，その後不一致の原因が判明した際に，当該原因を表す勘定に振り替える。また，決算日においても現金過不足の原因が判明しない場合には，過剰額は雑益勘定に，不足額は雑損勘定に振り替える。

□ 預金の種類には，普通預金の他，当座預金，通知預金，定期預金などがあるが，原則として，それぞれの預金の名称を付した資産勘定を設けて処理する。

□ 当座預金が増加したときは当座預金勘定（資産）の借方に記入し，当座預金が減少したときは当座預金勘定（資産）の貸方に記入する。

□ 小切手の振出は当座預金残高の範囲内で可能となるが，企業が銀行との間において当座借越契約を締結している場合には，一定範囲（借越限度）内であれば預金残高を超えても小切手を振り出すことができる。これを当座借越という。
　当座借越の処理方法としては，当座預金勘定（資産）と当座借越勘定（負債）を用いる二勘定制と，当座勘定のみを用いる一勘定制がある。

I 現金

1 現金の範囲 ●●●

　日常用語として使われる「現金」といえば，手持ちのカネ，すなわちその場で代金の決済に使える紙幣や硬貨（通貨）のみを指すのが一般的です。ところが簿記上の現金勘定には，通貨のみならず，通貨代用証券も含まれます。ここに通貨代用証券とは，通貨そのものではありませんが，即座に通貨と引き換えられるか通貨と同様に代金決済機能をもつ一定の証券をいいます。

　現金が増加したとき（すなわち収入があったとき）は**現金**勘定（資産）の借方に記入し，現金が減少したとき（すなわち支出があったとき）は**現金**勘定（資産）の貸方に記入します。

図表2-1　現金勘定の対象

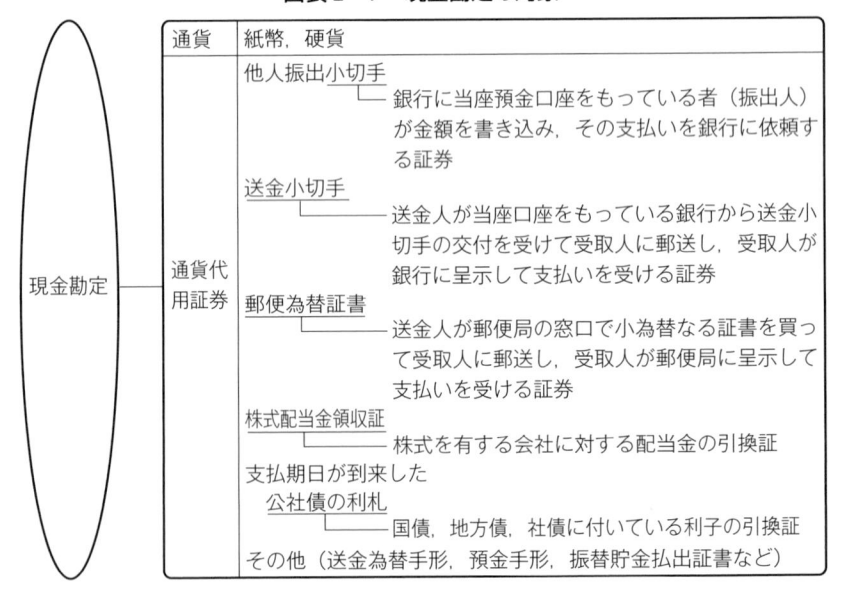

現金勘定	通貨	紙幣，硬貨
	通貨代用証券	他人振出小切手 — 銀行に当座預金口座をもっている者（振出人）が金額を書き込み，その支払いを銀行に依頼する証券
		送金小切手 — 送金人が当座口座をもっている銀行から送金小切手の交付を受けて受取人に郵送し，受取人が銀行に呈示して支払いを受ける証券
		郵便為替証書 — 送金人が郵便局の窓口で小為替なる証書を買って受取人に郵送し，受取人が郵便局に呈示して支払いを受ける証券
		株式配当金領収証 — 株式を有する会社に対する配当金の引換証
		支払期日が到来した公社債の利札 — 国債，地方債，社債に付いている利子の引換証
		その他（送金為替手形，預金手形，振替貯金払出証書など）

収入時の仕訳　（借）現　　　金　×××　　　（貸）○○○○　×××
支出時の仕訳　（借）○○○○　×××　　　（貸）現　　　金　×××

	現	金		
1/1 前期繰越 ×××	x/x ○○○○ ××× ⇐出金

入金⇒ x/x ○○○○ ×××

例題 2 - 1

次の取引の仕訳を示しなさい。

9/3　青森商店から商品200,000円を仕入れ，代金は現金で支払った。

9/8　郵便切手6,000円と事務用文房具3,000円を購入し，代金は現金で支払った。

9/15　上記青森商店より仕入れた商品の半分に当たる100,000円を大分商店に125,000円で売り渡し，代金は大分商店振出の小切手により受け取った。

9/20　保有する千葉株式会社の株式につき，配当金領収証42,000円を受け取った。

9/25　従業員の給料180,000円を現金で支払った。

解答

9/3	（借）商　　　品	200,000	（貸）現　　　金	200,000
9/8	（借）通　信　費 　　　消 耗 品 費	6,000 3,000	（貸）現　　　金	9,000
9/15	（借）現　　　金	125,000	（貸）商　　　品 　　　商品販売益	100,000 25,000
9/20	（借）現　　　金	42,000	（貸）受取配当金	42,000
9/25	（借）給　　　料	180,000	（貸）現　　　金	180,000

解説

9/3 商品（資産）200,000円が増加し，同額の現金（資産）が減少します。

9/8 郵便切手は通信費（費用），事務用文房具は消耗品費（費用）に該当します。したがって，通信費（費用）6,000円および消耗品費（費用）3,000円が発生し，合計額9,000円の現金（資産）が減少します。

9/15 現金（資産）125,000円が増加し，商品（資産）100,000円が減少し，差額として25,000円の商品販売益（収益）が発生します。

9/20 現金（資産）42,000円が増加し，同額の受取配当金（収益）が発生します。

9/25 給料（費用）180,000円が発生し，同額の現金（資産）が減少します。

2 現金過不足 ●●●

　現金出納係は，原則として毎日，会計帳簿上の現金残高と実際の現金有高を照合し，両者の一致を確認します。何らかの事情により，両者が一致しなかった場合，すなわち会計帳簿上の現金残高に比し実際の現金有高が不足もしくは過剰である状態を，現金過不足といいます。

　現金過不足を生じた際には，実際の現金有高に合わせて会計帳簿上の現金勘定を修正します。その際，修正する現金勘定の相手勘定となるのが現金過不足勘定です。つまり，不足であれば，**現金過不足**勘定の借方に記入するとともに現金勘定の貸方に記入し，反対に過剰であれば，現金勘定の借方に記入するとともに**現金過不足**勘定の貸方に記入します。現金過不足勘定は，期中における一時的な現金の過不足を処理するための勘定であり，資産，負債，資本（純資産），収益，費用のいずれにも該当しません。

　　　　（借）現金過不足　×××　（貸）現　　　金　×××
　　　　　　もしくは
　　　　（借）現　　　金　×××　（貸）現金過不足　×××

　期中に生じた現金過不足勘定は，その後不一致の原因が判明した時点で，当該原因を表す勘定に振り替えます。

　　　　（借）○○○○　×××　（貸）現金過不足　×××
　　　　　　もしくは

（借）現金過不足　×××　（貸）○○○○　×××

ただし，決算日においても現金過不足の原因が判明しない場合もあり得ます。その場合には，不足額は**雑損**勘定（費用）に，過剰額は**雑益**勘定（収益）に振り替えます。

（借）雑　　　損　×××　（貸）現金過不足金　×××

もしくは

（借）現金過不足金　×××　（貸）雑　　　益　×××

図表2-2　現金過不足の勘定連絡

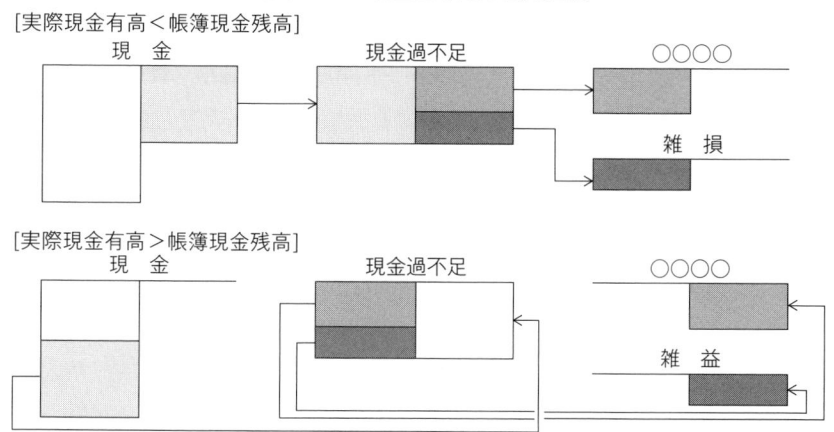

[実際現金有高＜帳簿現金残高]

現　金　　　　現金過不足　　　○○○○

雑　損

[実際現金有高＞帳簿現金残高]

現　金　　　　現金過不足　　　○○○○

雑　益

例題2-2

次の取引の仕訳を示しなさい。

11/30　現金の実際有高と帳簿残高を照合したところ，実際有高が416,400円帳簿残高が432,000円であったため，帳簿残高を修正してその原因を調べることにした。

12/10　11/30の不足額のうち，8,400円は交通費の記入漏れであることが判明した。

12/31　本日決算を迎えたが，11/30の不足額のうち，12/10の判明分以外についての原因は明らかにならなかった。

解答

11/30	（借）現金過不足	15,600	（貸）現　　　金	15,600
12/10	（借）交　通　費	8,400	（貸）現金過不足	8,400
12/31	（借）雑　　　損	7,200	（貸）現金過不足	7,200

解説

11/30　現金（資産）15,600円（＝432,000円－416,400円）を減少させ，相手勘定として同額の現金過不足を借記します。

12/10　交通費（費用）8,400円を計上し，相手勘定として同額の現金過不足を貸記します。

12/31　原因不明分7,200円（＝15,600円－8,400円）を雑損（費用）として計上し，相手勘定として同額の現金過不足を貸記します。

II　預　金

1　預金の種類　●●●

　預金には，普通預金の他，当座預金，通知預金，定期預金など様々な種類がありますが，多くの企業は当座預金を開設し，取引の決済に利用しています。これらの預金を利用している場合，原則として，それぞれの預金の名称を付した資産勘定を設けて処理します。

　当座預金は，無利息，要求払いであり，小切手を振り出すことによって引出がなされます。小切手の所持人は自己の取引銀行に小切手を預け，銀行間決済を通じて現金化できるほか，支払場所の銀行に直接持参して現金化できます。企業が当座預金を利用するのは，取引の決済に小切手を利用することで，その都度通貨により決済することの煩雑さと，多額の通貨を所持するという危険を回避するためです。

図表2-3　小切手の流通経路

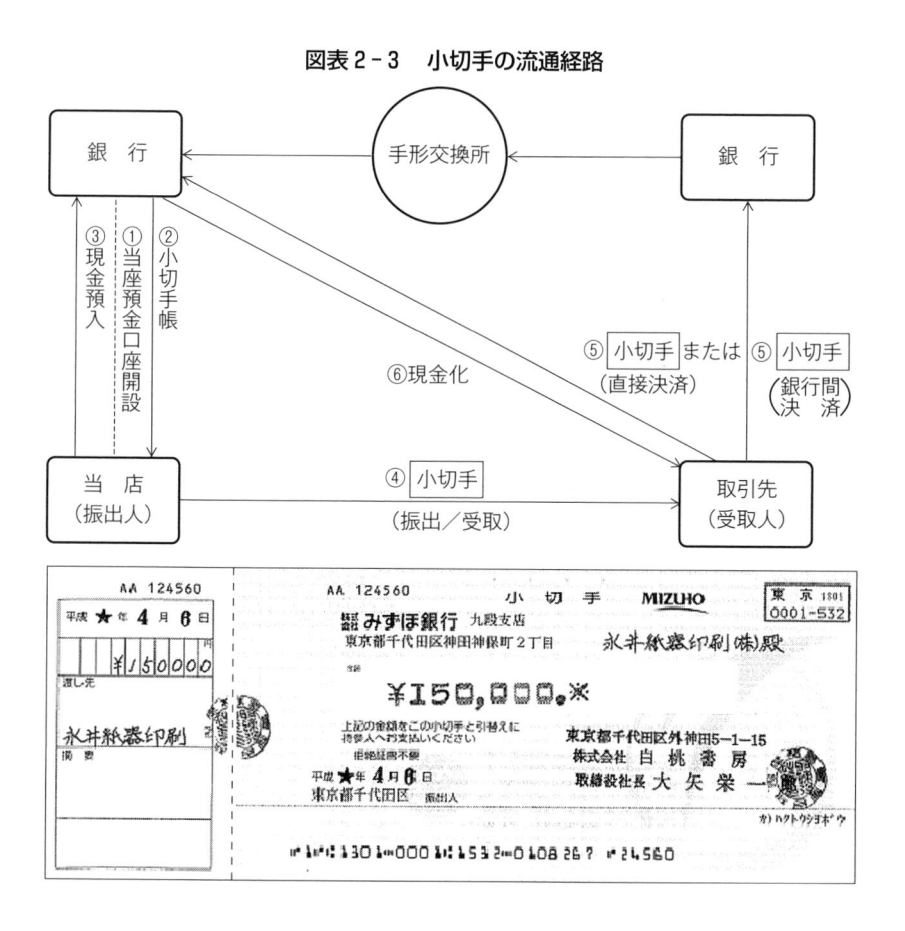

2　当座預金 ●●●

　当座預金が増加したとき（すなわち現金の預入または自己振出小切手の受取をしたとき）は**当座預金**勘定（資産）の借方に記入し，当座預金が減少したとき（すなわち小切手の振出をしたとき）は**当座預金**勘定（資産）の貸方に記入します。

　　預入時の仕訳　（借）当 座 預 金　×××　　　（貸）○ ○ ○ ○　×××
　　振出時の仕訳　（借）○ ○ ○ ○　×××　　　（貸）当 座 預 金　×××

```
                          当 座 預 金
              1/1  前 期 繰 越   ×/×  │ x/x   ○ ○ ○ ○    ×××  ⇐ 振出
   預入 ⇨ x/x  ○ ○ ○ ○   ×××    │
```
（または自己振出小切手の受取）

3　当座借越　●●●

　小切手の振出は当座預金残高の範囲内で可能となりますが，企業が銀行との間において当座借越契約を締結している場合には，一定範囲（借越限度）内であれば預金残高を超えても小切手を振り出すことができます。これを当座借越といいます。当座借越契約を締結することによって，預金残高が少なくなっていても取引先との決済が可能になりますが，実質上，当座借越は銀行からの一時的な借入を意味します。

　当座借越の処理方法としては，二勘定制と一勘定制があります。

(1)　二勘定制

　二勘定制では，当座預金残高が正（プラス）の状態においては**当座預金**勘定（資産）に記入し，当座預金残高が負（マイナス）の状態，すなわち当座借越の状態においては**当座借越**勘定（負債）に記入します。したがって，当座借越の状態において現金の預入がなされたときは，まず**当座借越**勘定（負債）を減少させ，当該残高がゼロになったところから**当座預金**勘定（資産）を増加させることになります。

　小切手振出時の仕訳
　　a．当座預金残高が正（プラス）の状態の場合
　　　　（借）○ ○ ○ ○　　×××　　（貸）当 座 預 金　　×××
　　b．当座預金残高が正（プラス）の状態から負（マイナス）の状態に転じる場合
　　　　（借）○ ○ ○ ○　　×××　　（貸）当 座 預 金　　×××
　　　　　　　　　　　　　　　　　　　　　　当 座 借 越　　×××
　　c．当座預金残高が負（マイナス）の状態の場合

　　　　　（借）〇〇〇〇　　×××　　（貸）当座借越　　×××
預金預入時の仕訳
　　a．当座預金残高が正（プラス）の状態の場合
　　　　　（借）当座預金　　×××　　（貸）〇〇〇〇　　×××
　　b．当座預金残高が負（マイナス）の状態から正（プラス）の状態に転じる場合
　　　　　（借）当座借越　　×××　　（貸）〇〇〇〇　　×××
　　　　　　　当座預金　　×××
　　c．当座預金残高が負（マイナス）の状態の場合
　　　　　（借）当座借越　　×××　　（貸）〇〇〇〇　　×××

(2) 一勘定制

　一勘定制では，当座預金残高が正（プラス）の状態においても，負（マイナス）の状態すなわち当座借越の状態においても，**当座**勘定に記入します。つまり，この方法では**当座**勘定が借方残高（すなわち預金の状態）であれば資産，貸方残高であれば負債（すなわち当座借越の状態）を意味します。したがって，預金の状態において現金の預入がなされたときも，当座借越の状態において現金の預入がなされたときも，同様に**当座**勘定を増減させることになります。

小切手振出時の仕訳　　（借）〇〇〇〇　　×××　　（貸）当　　座　　×××
預金預入時の仕訳　　　（借）当　　座　　×××　　（貸）〇〇〇〇　　×××

図表 2-4　当座預金の勘定処理

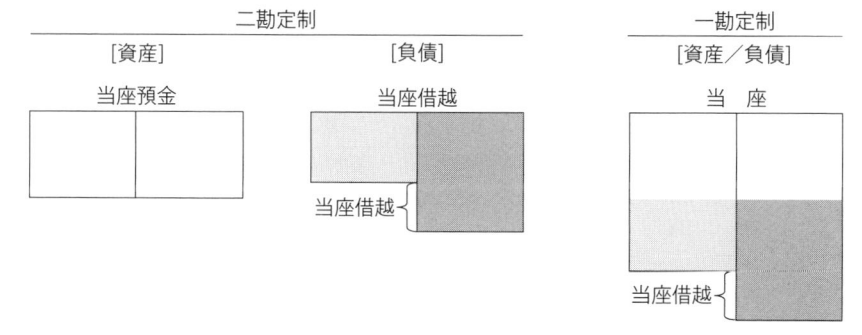

二勘定制
　[資産]　　　　　　　　　　[負債]
　当座預金　　　　　　　　　当座借越
　　　　　　　　　　　　　　　　　当座借越

一勘定制
　[資産／負債]
　　当　座
　　　　　　　当座借越

例題 2 − 3

次の取引の仕訳を，(1)二勘定制と(2)一勘定制によって示しなさい。

4/1 　当店は銀行に150,000円を預け入れ，借越限度額を500,000円とする当座預金口座を開設した。

4/6 　商品315,000円（原価252,000円）を長野商店に売り渡し，代金は同店振出の小切手により受け取った。

4/11 　和歌山商店から商品210,000円を仕入れ，代金は小切手を振り出して支払った。

4/18 　兵庫商店に対する売掛金168,000円を現金で回収し，ただちに当座預金とした。

4/20 　商品189,000円（原価144,000円）を新潟商店に売り渡し，代金のうち120,000円は当店振出の小切手で，残額は現金により受け取った。

解答

(1) 二勘定制

4/1	（借）当座預金	150,000	（貸）現　　　金	150,000
4/6	（借）現　　　金	315,000	（貸）商　　　品 　　　商品販売益	252,000 63,000
4/11	（借）商　　　品	210,000	（貸）当座預金 　　　当座借越	150,000 60,000
4/18	（借）当座借越 　　　当座預金	60,000 108,000	（貸）売　掛　金	168,000
4/20	（借）当座預金 　　　現　　　金	120,000 69,000	（貸）商　　　品 　　　商品販売益	144,000 45,000

(2) 一勘定制

4/1	（借）当　　　　座	150,000	（貸）現　　　　金	150,000
4/6	（借）現　　　　金	315,000	（貸）商　　　　品 　　　商品販売益	252,000 63,000
4/11	（借）商　　　　品	210,000	（貸）当　　　　座	210,000
4/18	（借）当　　　　座	168,000	（貸）売　掛　金	168,000
4/20	（借）当　　　　座 　　　現　　　　金	120,000 69,000	（貸）商　　　　品 　　　商品販売益	144,000 45,000

解説

4/1　当座預金（資産）もしくは当座150,000円が増加し，同額の現金（資産）が減少します。

4/6　現金（資産）315,000円が増加し，商品（資産）252,000円が減少し，差額として63,000円の商品販売益（収益）が発生します。

4/11　(1)商品（資産）210,000円が増加し，当座預金残高である150,000円までは当座預金（資産）が減少し，それを超える60,000円は当座借越（負債）が増加します。(2)商品（資産）210,000円が増加し，同額の当座が減少します。その結果，当座借越の状態になっています。

4/18　(1)売掛金（資産）168,000円が減少し，この時点における当座借越額60,000円は当座借越（負債）が減少し，それを超える108,000円は当座預金（資産）が増加します。(2)売掛金（資産）168,000円が減少し，同額の当座が増加します。その結果，当座借越の状態が解消されています。

4/20　商品（資産）144,000円が減少し，45,000円の商品販売益（収益）が発生します。受け取った代金のうち，当店振出の小切手120,000円は，当座預金（資産）もしくは当座が増加し，売上金額189,000円との差額として69,000円の現金（資産）が増加します。

コラム2　借方と貸方

　簿記の勉強を始めると，ふと疑問に思うことがいくつか出てきます。そのうちの一つが，「なぜ，貸付金の増加は借方に記入し，逆に，借入金は貸方に記入するのか？」です。つまり，「借」と「貸」という文字の意味を考えると，記入がねじれているのではないかという疑問です。

　この疑問に対する答えは，左側を「借方」，右側を「貸方」と表現する理由を考えれば，容易に理解できます。この「方」という文字に着目して下さい。これは，「人」を意味しています。それは，もともとの原語が，「借方」は"debtor"で，「貸方」は"creditor"であることからも明らかです。

　自分が過去に行った行為をどのように記入するかと言えば，「私は，何時いつ誰だれにいくら貸した。」とか，あるいは，「私は，何時いつ誰だれから，いくら貸金の返済を受けた。」と表現することもできますが，これでは，すべて主語が「私」なので，その文章がだれとの取引かという点が非常に分かりにくくなってしまいます。誰との取引の記録かを明示するためには，主語を逆にして相手方にすることが有効です。つまり，「誰だれは，何時いつ私からいくら借りた。」とか，あるいは，「誰だれは，何時いつ私に，いくら借金を返済した。」と表現するのです。もっと言えば，自分の行った取引の記録であれば，「私から」も「私に」も省略可能です。

　簿記の記録対象は，現金や商品など，さまざまですが，もともとは債権債務関係，つまり資金の「貸し」と「借り」を記録の留めることに主眼を置いていました。本文中で示した，Ｔ勘定の上に書いた勘定科目は，実は，資金の「貸し」と「借り」の相手方，つまり，貸付金は，私にとっての借手（債務者）を，借入金は，私にとっての貸手（債権者）を意味しているのです。そこで，「私が貸す」は「相手方が借りる」となり，「私が借りる」は「相手方が貸す」となるため，これまで学んだとおり，「貸付金の増加は借方に記入し，逆に，借入金は貸方に記入する」のです。

練習問題

次の取引の仕訳を示しなさい。なお，当店は銀行との間で借越限度額600,000円の当座借越契約を締結しているが，12月1日現在の当座預金残高は278,000円であった。当座預金の処理については，二勘定制（当座借越勘定を用いる方法）によっている。

12/6　はがき3,000円を購入し，代金は現金で支払った。

12/12　奈良商店から商品462,000円を仕入れ，代金は小切手を振り出して支払った。

12/15　富山商事からの借入金200,000円につき，利息4,000円とともに小切手を振り出して支払った。

12/18　商品420,000円を大分商店に525,000円で売り渡し，代金は同店振出の小切手で受け取り，ただちに当座預金に預け入れた。

12/23　秋田商店に対する売掛金147,000円につき，同額の郵便為替証書が送付されてきた。

12/31　本日，期末日を迎えた。現金過不足勘定で処理してあった不足額68,000円は，支払手数料105,000円の記帳漏れと，249,000円の備品を購入したときに294,000円と誤って記帳していたことが判明したが，残りの原因は判明しなかった。

解答・解説

12/6	（借）通 信 費	3,000	（貸）現　　　金	3,000
12/12	（借）商　　　品	462,000	（貸）当座預金 　　　当座借越	278,000 184,000
12/15	（借）借 入 金 　　　支払利息	200,000 4,000	（貸）当座借越	204,000
12/18	（借）当座借越 　　　当座預金	388,000 137,000	（貸）商　　　品 　　　商品販売益	420,000 105,000
12/23	（借）現　　　金	147,000	（貸）売 掛 金	147,000
12/31	（借）支払手数料 　　　雑　　　損	105,000 8,000	（貸）現金過不足 　　　備　　　品	68,000 45,000

12/6　はがきは通信費（費用）に該当します。したがって，通信費（費用）3,000円が発生し，同額の現金（資産）が減少します。

12/12　商品（資産）462,000円が増加し，当座預金残高である278,000円までは当座預金（資産）が減少し，それを超える184,000円は当座借越（負債）が増加します。

12/15　借入金（負債）200,000円が減少し，支払利息（費用）4,000円が発生し，これらの合計額204,000円の当座借越（負債）が増加します。

12/18　商品（資産）420,000円が減少し，売価と原価の差額として105,000円の商品販売益（収益）が発生します。他方，この時点における当座借越額388,000円は当座借越（負債）が減少し，それを超える137,000円は当座預金（資産）が増加します。

12/23　現金（資産）147,000円が増加し，同額の売掛金（資産）が減少します。

12/31　記帳漏れとなっていた支払手数料（費用）105,000円を計上し，相手勘定として同額の現金過不足を貸記します。また，備品購入にかかる金額誤記入の45,000円（294,000円－249,000円）だけ，備品（資産）が減少し，相手勘定として同額の現金過不足を借記します。したがって，この段階で現金過不足は8,000円の借方残となっていますが，残りの原因は判明しなかったため同額を雑損に振り替えます。

第3章 現金預金取引②

ポイント

☐ 会計帳簿には主要簿と補助簿がある。補助簿のひとつである現金出納帳には，現金の収入と支出の明細が記録される。

☐ 日常生じる少額の支払いに備え，会計係の下に小払係を各部署に設置し，小払係に日常生じる少額の支払い（小口経費）を処理させることがある。そこで取り扱う現金を小口現金という。小口現金が増加したとき（すなわち収入があったとき）は小口現金勘定（資産）の借方に記入し，小口現金が減少したとき（すなわち支出があったとき）は小口現金勘定（資産）の貸方に記入する。

☐ 週（もしくは旬，月）初における小口現金の金額を一定にしておき，週（もしくは旬，月）ごとに会計係が小払係から小口経費の報告を受け，その週（もしくは旬，月）に支払った額と同額の資金を補給する方式を定額資金前渡制（インプレスト・システム）という。

☐ 補助簿のひとつである当座預金出納帳には，当座預金預入と小切手の振出の明細が記録される。

☐ 預金の種類には，普通預金の他，当座預金，通知預金，定期預金など様々なものがある。これらの預金を利用している場合，原則として，それぞれの預金の名称を付した資産勘定を設けて処理する。

I 現　金

1　現金出納帳　●●●

　仕訳帳と総勘定元帳は，複式簿記において必要不可欠な帳簿であります。これらを主要簿と呼びます。しかし，特定の活動に関してはまとまった詳細な記録があった方が便利なため，主要簿以外に必要に応じて帳簿が設けられることがあります。これらを補助簿と呼びます。

図表 3-1　主要簿と補助簿

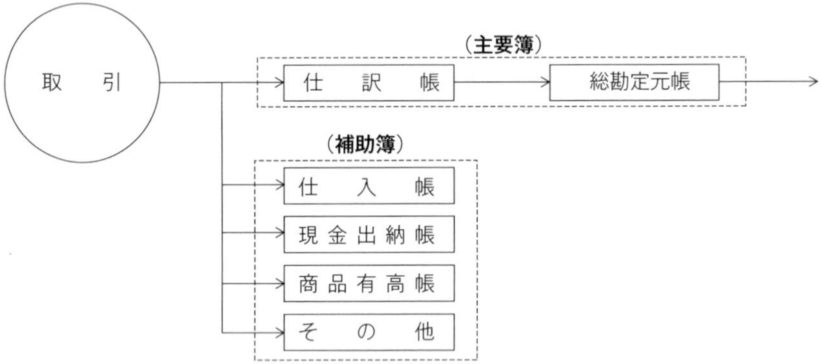

```
                  （主要簿）
         ┌──────────────────────────────┐
         │  仕　訳　帳  →  総勘定元帳  │  →
取引  →  └──────────────────────────────┘
         （補助簿）
         ┌──────────────┐
      →  │  仕　入　帳  │
      →  │  現金出納帳  │
      →  │  商品有高帳  │
      →  │  そ　の　他  │
         └──────────────┘
```

　補助簿には，特定の取引の明細を発生順に記録する補助記入帳（売上帳，仕入帳，現金出納帳，当座預金出納帳など）と，特定の勘定の明細を口座別に記録する補助元帳（商品有高帳など）があります。補助簿（補助記入帳）のひとつである現金出納帳には，現金の収入と支出の明細が記録されます。

図表 3 - 2　勘定科目と補助簿の関連

区分	勘定科目	補助記入帳	補助元帳
収益	売　　上	売　　上　　帳	
費用	仕　　入	仕　　入　　帳	商品有高帳
資産	繰越商品		
資産	現　　金	現 金 出 納 帳	
資産	当座預金	当座預金出納帳	
資産	小口現金	小口現金出納帳	
資産	受取手形	受取手形記入帳	
資産	売 掛 金		売掛金元帳
負債	支払手形	支払手形記入帳	
負債	買 掛 金		買掛金元帳

例題 3 - 1

次の取引の仕訳を示したうえで，現金出納帳に記入しこれを締め切りなさい。なお，現金の前月繰越は428,000円である。

7/4　宮城商店から商品252,000円を仕入れ，代金のうち150,000円は現金で支払い，残額は掛とした。

7/16　上記宮城商店より仕入れた商品のうち168,000円を神奈川商店に210,000円で売り渡し，代金のうち160,000円は神奈川商店振出の小切手で，残額は当店振出の小切手により受け取った。

7/22　静岡商事に対する売掛代金として，送金小切手273,000円を受け取った。

7/25　従業員の給料174,000円を現金で支払った。

7/30　本月分の家賃84,000円を現金で支払った。

Ⅰ　現　金

解答

7/4	(借)商　　品	252,000	(貸)現　　　金	150,000
			買　掛　金	102,000
7/16	(借)現　　　金	160,000	(貸)商　　　品	168,000
	当 座 預 金	50,000	商品販売益	42,000
7/22	(借)現　　　金	273,000	(貸)売　掛　金	273,000
7/25	(借)給　　　料	174,000	(貸)現　　　金	174,000
7/30	(借)支 払 家 賃	84,000	(貸)現　　　金	84,000

現金出納帳

平成x年		摘　要	収　入	支　出	残　高
7	1	前月繰越	428,000		428,000
	4	宮城商店から仕入れ　代金支払い		150,000	278,000
	16	神奈川商店へ売渡し　小切手受領	160,000		438,000
	22	静岡商事から売掛金回収　送金小切手受領	273,000		711,000
	25	本月分給料支払い		174,000	537,000
	30	本月分家賃支払い		84,000	453,000
	31	次月繰越		453,000	
			861,000	861,000	
8	1	前月繰越	453,000		453,000

解説

・月初には，前月から繰り越された金額を前月繰越として収入欄に記入します。
・補助簿（補助記入帳）たる現金出納帳には，現金の収入と支出の明細を記録します。したがって，仕訳上，現金勘定に増減があったものが現金出納帳への記入対象となります。
・他者が振り出した小切手を受け取った場合には現金勘定を増加させ，自己が振り出した小切手を受け取った場合には当座預金勘定を増加させます。

・月末には，次月へ繰り越す金額を次月繰越として支出欄に朱記します。
・収入と支出の月次合計額を合計線（単線）の次の行に記入し，締切線（二重線）で締め切ります。

2　小口現金と小口現金出納帳 ●●●

　企業は現金の紛失や盗難を避けるため，決済に当たり受け取った現金や小切手をただちに当座預金に預け入れ，また，商品代金などの支払いについては小切手の振出により行うのが一般的です。しかし，日常生じる少額の取引にまで，小切手を用いるのはかえって煩雑ですし，その都度現金で支払いを済ませる方が便利な場合もあります。そこで，このような支払いに備え，会計係の下に小払係（もしくは用度係，小口現金係）を各部署に設置し，小払係に日常生じる少額の支払い（小口経費）を処理させることがあります。そこで取り扱う現金を小口現金といいます。

　小口現金が増加したとき（すなわち資金補給があったとき）は**小口現金**勘定（資産）の借方に記入し，小口現金が減少したとき（すなわち支払があったとき）は**小口現金**勘定（資産）の貸方に記入します。

　資金補給時の仕訳　（借）小口現金　×××　　（貸）〇〇〇〇　×××
　支　払　時　の　仕　訳　（借）〇〇〇〇　×××　　（貸）小口現金　×××

図表 3-3　会計係と小払係

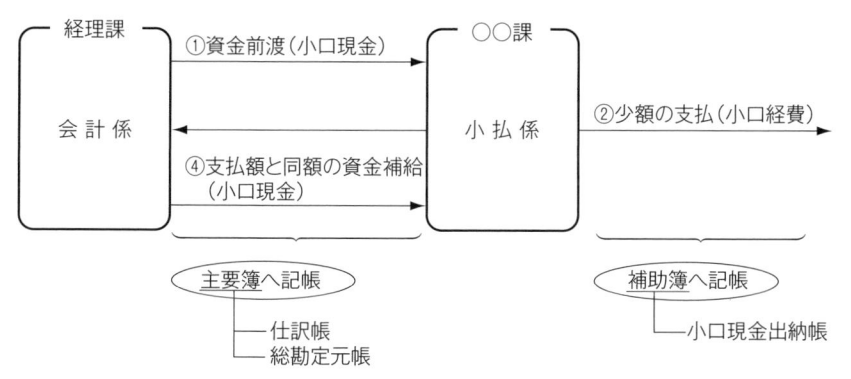

```
┌─────┐   ①資金前渡（小口現金）    ┌─────┐
│ 経理課 │ ─────────────────────→ │ ○○課 │
│      │                          │      │   ②少額の支払（小口経費）
│ 会計係 │                          │ 小払係 │ ────────────────────→
│      │ ←───────────────────── │      │
└─────┘   ④支払額と同額の資金補給    └─────┘
              （小口現金）
```

　　　　　主要簿へ記帳　　　　　　　　　　　補助簿へ記帳
　　　　　├─ 仕訳帳　　　　　　　　　　　　└─ 小口現金出納帳
　　　　　└─ 総勘定元帳

小払係は小口現金出納帳を備え置き，これに小口現金の受入と支払の明細を記入します。会計係は用度係から小口経費の報告を受け，上記仕訳を行います。

　通常，会計係からの資金補給は，小切手を小払係に渡す方式がとられます。小払係に持たせる小口現金の金額を特に定めず，また，会計係からの資金補給時期も特定せず，必要に応じて補給する方式を随時補給制といいます。

　これに対し，週初の小口現金の金額を一定に定めておき，週ごとに会計係が小払係から小口経費の報告を受け，その週に支払った額と同額の資金を補給する方式を定額資金前渡制（インプレスト・システム）といいます。この方式では，週末に小払係からの報告を受けたらただちに資金を補給する週末補給制と，報告は週末であっても資金の補給は翌週初とする週初補給制とがあります。資金補給時期は，週のほかに旬，月単位も考えられます。

報告時の仕訳　　（借）○○○費　×××　　（貸）小口現金　×××
　　　　　　　　　　　○○○費　×××
　　　　　　　　　　　○○○費　×××
資金補給時の仕訳　（借）小口現金　×××　　（貸）当座預金　×××

上記仕訳は，次のように小口現金勘定を省略する方法も認められます。

報告時の仕訳　　（借）○○○費　×××　　（貸）当座預金　×××
　　　　　　　　　　　○○○費　×××
　　　　　　　　　　　○○○費　×××

図表3-4　小口現金の勘定連絡

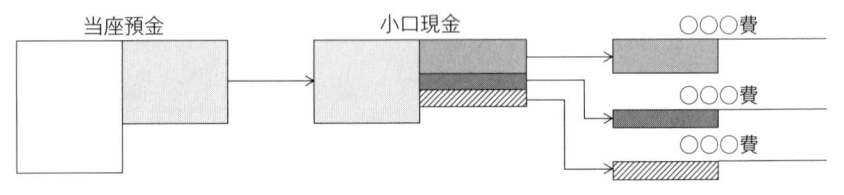

例題 3 - 2
　次の取引の仕訳を示したうえで，小口現金出納帳に記入しこれを締め切りなさい。なお，小口現金の処理には定額資金前渡制を採用しており，資金の補給は小切手により週末に行われている。小口現金の前週からの繰越は45,000円であった。

2/22　地下鉄回数券　1,900円，ボールペン　840円
2/23　タクシー代　4,850円
2/24　お茶・菓子代　1,470円
2/25　郵便切手代　6,000円，新聞代　5,040円
2/26　はがき代　8,000円，トナー代　3,360円

解答

2/26	(借) 消 耗 品 費	4,200	(貸) 小 口 現 金	31,460
	通 信 費	14,000		
	交 通 費	6,750		
	雑　　　費	6,510		
	(借) 小 口 現 金	31,460	(貸) 当 座 預 金	31,460
別解	(借) 消 耗 品 費	4,200	(貸) 当 座 預 金	31,460
	通 信 費	14,000		
	交 通 費	6,750		
	雑　　　費	6,510		

小口現金出納帳

受入	平成x年		摘要	支払	内訳				残高
					消耗品費	通信費	交通費	雑費	
45,000	2	22	前週繰越						45,000
		〃	地下鉄回数券	1,900			1,900		43,100
		〃	ボールペン	840	840				42,260
		23	タクシー代	4,850			4,850		37,410
		24	お茶・菓子代	1,470				1,470	35,940
		25	郵便切手代	6,000		6,000			29,940
		〃	新聞代	5,040				5,040	24,900
		26	はがき代	8,000		8,000			16,900
		〃	トナー代	3,360	3,360				13,540
			合計	31,460	4,200	14,000	6,750	6,510	
31,460		26	本日補給						45,000
		〃	次週繰越	45,000					
76,460				76,460					
45,000	3	1	前週繰越						45,000

解説

・週初には，前週から繰り越された金額を前週繰越として受入欄に記入します。
・小口経費の支払がなされたら，日付，摘要，支払，内訳欄に記入します。
・週末に資金を小切手で補給したら，受入，日付，摘要欄に記入します。
・週末には，次週へ繰り越す金額を次週繰越として支払欄に朱記します。
・受入と支払の週次合計額を合計線（単線）の次の行に記入し，締切線（二重線）で締め切ります。

Ⅱ 預　金

1　当座勘定出納帳　●●●

　補助簿のひとつである当座預金出納帳には，当座預金預入と小切手の振出の明細が記録されます。企業が複数の銀行において当座預金口座を開設しているときは，銀行別に当座預金出納帳を設け，これにより借入限度額内か否かの確認，預金残高の確認などを行い，小切手の振出を実行します。

例題 3 - 3

　次の取引の仕訳を示したうえで，当座預金出納帳に記入しこれを締め切りなさい。なお，当店は銀行との間で借越限度額500,000円の当座借越契約を締結しており，6月1日現在の当座預金残高は239,000円であった。当座預金の処理については，一勘定制（当座勘定を用いる方法）を用いている。

6/6　鳥取商店から商品630,000円を仕入れ，代金のうち504,000円は小切手を振り出し，残額は掛とした。

6/9　商品210,000円（原価168,000円）を高知商店に売渡し，代金は同店振出の小切手により受け取り，ただちに当座預金とした。

6/17　秋田商店に対する売掛金441,000円を送金小切手で回収し，ただちに当座預金とした。

6/19　商品315,000円（原価252,000円）を奈良商店に売り渡し，代金のうち180,000円は同店振出の小切手で，残額は現金により受け取った。

6/22　岐阜商事に対する買掛金336,000円を小切手を振り出して支払った。

6/26　本月分の地代189,000円を小切手を振り出して支払った。

6/30　宮崎商店に対する貸付金300,000円につき，利息5,000円とともに

小切手で回収し，ただちに当座預金とした。

解答

6/6	(借)	商　　　品	630,000	(貸)	当　　　座 買　掛　金	504,000 126,000
6/9	(借)	当　　　座	210,000	(貸)	商　　　品 商品販売益	168,000 42,000
6/17	(借)	当　　　座	441,000	(貸)	売　掛　金	441,000
6/19	(借)	現　　　金	315,000	(貸)	商　　　品 商品販売益	252,000 63,000
6/22	(借)	買　掛　金	336,000	(貸)	当　　　座	336,000
6/26	(借)	支 払 地 代	189,000	(貸)	当　　　座	189,000
6/30	(借)	当　　　座	305,000	(貸)	貸　付　金 受 取 利 息	300,000 5,000

当座預金出納帳

平成x年		摘　要	預　入	引　出	借または貸	残　高
6	1	前月繰越	239,000		借	239,000
	6	鳥取商店より仕入れ		504,000	貸	265,000
	9	高知商店へ売渡し	210,000		〃	55,000
	17	秋田商店から売掛金回収	441,000		借	386,000
	22	岐阜商事へ買掛金支払い		336,000	〃	50,000
	26	本月分の地代支払い		189,000	貸	139,000
	30	宮崎商店から貸付金回収	305,000		借	166,000
	〃	次月繰越		166,000		
			1,195,000	1,195,000		
7	1	前月繰越	166,000			

解説
- 月初には，前月から繰り越された金額を前月繰越として預入欄に記入します。
- 補助簿（補助記入帳）たる当座預金出納帳には，当座預金の預入と引出の明細を記録します。したがって，仕訳上，当座（当座預金）勘定に増減があったものが当座預金出納帳への記入対象となります。
- 他者振出の小切手や，現金により受け取りただちに当座預金としている場合には，当座（当座預金）勘定の増加として処理します。
- 月末には，次月へ繰り越す金額を次月繰越として引出欄に朱記します。
- 預入と引出の月次合計額を合計線（単線）の次の行に記入し，締切線（二重線）で締め切ります。

2　各種預金　●●●

預金の種類には，普通預金の他，当座預金，通知預金，定期預金など様々なものがあります。これらの預金を利用している場合，原則として，それぞれの預金の名称を付した資産勘定を設けて処理します。

図表3-5　預金の種類

預金	普通預金	…	預入の金額に制限がなく，払戻しも預入残高の範囲内であればいくらでも，いつでもできる要求払預金。
	当座預金	…	無利息の要求払預金。小切手を振り出すことによって引出がなされる。
	通知預金	…	預入れ後7日間は据置期間として払い戻せない預金。利率は普通預金より高く設定される。
	定期預金	…	あらかじめ定められた預金期間の満了まで払戻しのできない預金。利率は要求払預金より高く設定される。
	別段預金	…	銀行の種々の取引に付随して生じた一時的な資金を暫定的に保管するために設けられた預金科目。株式払込金の受入などに使われる。
	納税準備預金	…	租税納付の円滑化に資するため設けられた預金。利率は普通預金より高く設定され，利息は非課税扱いとされる。

例題 3 - 4

次の取引の仕訳を示しなさい。
① 現金800,000円を定期預金に預け入れた。
② ①の定期預金が本日満期となり，利息10,000円とともに現金で受け取った。

解答

①	（借）定期預金	800,000	（貸）現　　　金	800,000	
②	（借）現　　　金	810,000	（貸）定期預金	800,000	
			受取利息	10,000	

解説

① 定期預金に現金を預け入れた場合，原則として，定期預金（資産）を増加させ，現金（資産）を減少させます。
② 定期預金が満期となり利息とともに現金を受け取った場合，定期預金（資産）を減少させ，受取利息（収益）の発生額とともに，現金（資産）を増加させます。

練習問題

(1) 次の取引を小口現金出納帳に記入しこれを締め切りなさい。なお，小口現金の処理には定額資金前渡制を採用しており，資金の補給は小切手により週初に行われている。

11/7 バス回数券 2,100円
11/9 シャープペンシル 630円，タクシー代 6,860円
11/10 お茶代 840円，新聞代 5,040円
11/11 テレホンカード 5,000円，コピー用紙 2,520円

小口現金出納帳

受入	平成x年		摘要	支払	内訳				残高
					消耗品費	通信費	交通費	雑費	
5,300	11	7	前週繰越						
24,700	〃		本日補給						

(2) 次の取引を当座預金出納帳に記入しこれを締め切りなさい。なお，当店は銀行との間で借越限度額800,000円の当座借越契約を締結している。

9/4 山口商店から商品756,000円を仕入れ，代金のうち500,000円は小切手を振り出し，残額は掛とした。

9/8 商品420,000円（原価336,000円）を長崎商店に売り渡し，代金は同店振出の小切手により受け取った。

9/14 三重商店に対する売掛金399,000円を現金で回収し，ただちに当座預金とした。

9/15 石川商事に対する買掛金546,000円を小切手を振り出して支払った。

9/17 9/8に長崎商店より受け取った小切手を，当座預金口座に預け入れた。

9/26 宣伝のための折り込みチラシ代63,000円を小切手を振り出して支払った。

当座預金出納帳

平成x年		摘　　要	預　入	引　出	借または貸	残　高
9	1	前月繰越	472,000		借	472,000

解答・解説

(1)

小口現金出納帳

受入	平成x年		摘要	支払	内訳 消耗品費	通信費	交通費	雑費	残高
5,300	11	7	前週繰越						5,300
24,700		〃	本日補給						30,000
		〃	バス回数券	2,100			2,100		27,900
		9	シャープペンシル	630	630				27,270
		〃	タクシー代	6,860			6,860		20,410
		10	お茶代	840				840	19,570
		〃	新聞代	5,040				5,040	14,530
		11	テレホンカード	5,000		5,000			9,530
		〃	コピー用紙	2,520	2,520				7,010
			合計	22,990	3,150	5,000	8,960	5,880	
		11	次週繰越	7,010					
30,000				30,000					
7,010	11	14	前週繰越						7,010

(借)小口現金	24,700	(貸)当座預金	24,770
(借)消耗品費	3,150	(貸)小口現金	22,990
通信費	5,000		
交通費	8,960		
雑費	5,880		

(2)

当座預金出納帳

平成x年		摘　　要	預　入	引　出	借または貸	残　高
9	1	前月繰越	472,000		借	472,000
	4	山口商店より仕入れ		500,000	貸	28,000
	14	三重商店から売掛金回収	399,000		借	371,000
	15	石川商事へ買掛金支払い		546,000	貸	175,000
	17	長崎商店から売掛金回収	420,000		借	245,000
	26	広告費支払い		63,000	〃	182,000
	30	次月繰越		182,000		
			1,291,000	1,291,000		
10	1	前月繰越	182,000			

9/4	（借）商　　　品　　756,000	（貸）当 座 預 金　　500,000
		買 　掛　 金　　256,000
9/8	（借）現　　　金　　420,000	（貸）商　　　　品　　336,000
		商品販売益　　　84,000
9/14	（借）当 座 預 金　　399,000	（貸）売 　掛　 金　　399,000
9/15	（借）買 　掛　 金　　546,000	（貸）当 座 預 金　　546,000
9/17	（借）当 座 預 金　　420,000	（貸）現　　　　金　　420,000
9/26	（借）広 　告 　費　　 63,000	（貸）当 座 預 金　　 63,000

第4章 商品売買取引①

> **ポイント**
>
> □ 分記法では，商品勘定を原価により，増加時は借記し，減少時は貸記する。商品販売時には，売価と原価の差額を商品販売益として貸記する。
>
> □ 売上原価対立法では，商品勘定を原価により，増加時は借記し，減少時は貸記する。商品販売時には，売価で売上勘定に貸記するとともに，商品勘定の減少分を売上原価勘定に借記する。
>
> □ 三分法では，繰越商品と仕入勘定を原価により，増加時は借記し，減少時は貸記する。商品販売時には，売価で売上勘定に貸記し，決算において仕入勘定の修正を行うことにより売上原価の金額を算定する。
>
> □ 売上値引と売上返品は，売価により売上勘定に借記する。
>
> □ 仕入値引と仕入返品は，原価により仕入勘定に貸記する。
>
> □ 商品仕入時においては，商品本体の代金（購入代金）に仕入諸掛を付随費用として加算する。
>
> □ 商品を売り上げる際に生じる発送費は，それを売り手側で負担する場合には，発送費勘定（費用）の借方に記入する。これに対し，買い手側で負担する場合には，商品本体の代金（販売代金）と発送費を合算して決済する方法と，発送費を立替金勘定（資産）の借方に記入する方法とがある。

I　分記法

　本章以前の各章においては，商品売買取引につき分記法を前提として説明がなされていました。すなわち分記法では，期首において前期から繰り越されてきた商品は**商品**勘定（資産）の借方に原価で記入されています。期中，商品が増加したとき（すなわち仕入時）は**商品**勘定（資産）の借方に原価で記入し，商品が減少したとき（すなわち売上時）は**商品**勘定（資産）の貸方に原価で記入するとともに，**商品販売益**勘定（収益（利益））の貸方に売価と原価の差額をもって記入します。なお，分記法では，期末において仕訳は行われません。

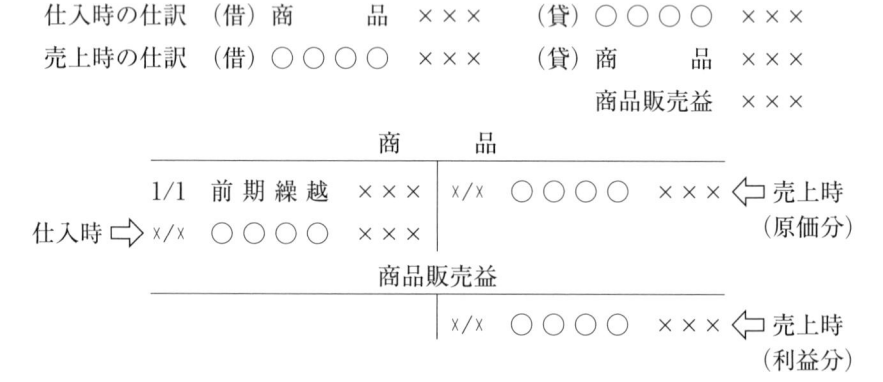

仕入時の仕訳　（借）商　　　　品　×××　　（貸）○○○○　×××
売上時の仕訳　（借）○○○○　×××　　（貸）商　　　　品　×××
　　　　　　　　　　　　　　　　　　　　　　商品販売益　×××

```
                    商　　品
         1/1  前期繰越  ×××  │ x/x  ○○○○  ×××  ⇐ 売上時
仕入時 ⇒ x/x  ○○○○  ×××  │                          （原価分）
                   商品販売益
                             │ x/x  ○○○○  ×××  ⇐ 売上時
                                                        （利益分）
```

　分記法によれば，商品勘定が企業に存在する商品の原価合計を常時示すため，在庫管理に適しています。また，商品販売益勘定によりその会計期間に生みだされた利益合計が示されるため，期末（決算）において利益を計算するための特別な仕訳を行う必要がなく，期末に手数を要しません。

例題 4 – 1

次の取引の仕訳を，分記法によって示しなさい。

期首　前期から繰り越された商品が10,000円（原価）ある。
期中①　当期に商品を60,000円で仕入れ，代金は現金で支払った。
　　②　当期に原価50,000円の商品を80,000円で売り渡し，代金は現金で受け取った。
期末　次期に繰り越す商品が20,000円（原価）ある。

解答

期中①	(借) 商　　　品	60,000	(貸) 現　　　金	60,000
②	(借) 現　　　金	80,000	(貸) 商　　　品	50,000
			商品販売益	30,000

期末　仕訳なし

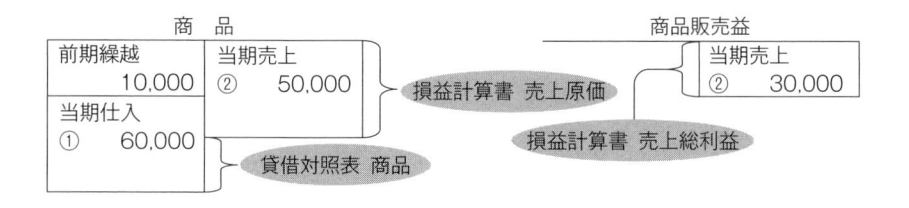

解説

```
         商　品                              商品販売益
前期繰越  │ 当期売上                           │ 当期売上
  10,000 │ ②  50,000  →損益計算書 売上原価    │ ②  30,000
当期仕入 │                                    │
①  60,000│                  →損益計算書 売上総利益
         │ →貸借対照表 商品
```

| 分記法 49

損益計算書（報告式）および貸借対照表（勘定式）の一部

```
              損益計算書                           貸借対照表
                                                   資産の部
 Ⅰ 売上高                    80,000       Ⅰ 流動資産
 Ⅱ 売上原価                                    ‥‥‥‥      ×××
     期首商品棚卸高    10,000                  商   品   20,000
     当期商品仕入高    60,000                  ‥‥‥‥      ×××
       合   計         70,000
     期末商品棚卸高    20,000   50,000
     売 上 総 利 益              30,000
 Ⅲ 販売費及び一般管理費
     ‥‥‥‥‥             ×××
     ‥‥‥‥‥             ×××
```

売上高 − 売上原価 ＝ 売上総利益
　　　　└─ 期首商品棚卸高 ＋ 当期商品仕入高 − 期末商品棚卸高

Ⅱ　売上原価対立法

　期末に作成する損益計算書では，1会計期間における売上金額の合計たる売上高と，その売上高を獲得するために要した仕入原価たる売上原価を示さなければなりません。分記法では，仕訳における勘定科目として商品販売益勘定を用いますが，これは売上高の一部に過ぎず，期末において売上高を別途計算する必要があります。また，仕訳における勘定科目として商品勘定を用いますが，期末時点の商品勘定はその時点に企業に存在する商品の原価合計を示すに過ぎず，期末において売上原価を別途計算する必要があります。この点に対処するための仕訳方法として，売上原価対立法があります。

　売上原価対立法では，期首において前期から繰り越されてきた商品は**商品**勘定（資産）の借方に原価で記入されています。期中，仕入時は**商品**勘定（資産）の借方に原価で記入し，売上時は**売上**勘定（収益）の貸方に売価で記入す

るとともに，**商品**勘定（資産）の貸方に原価で記入し，同額を**売上原価**勘定（費用）の借方に原価で記入します。なお，期末において，仕訳は行われません。

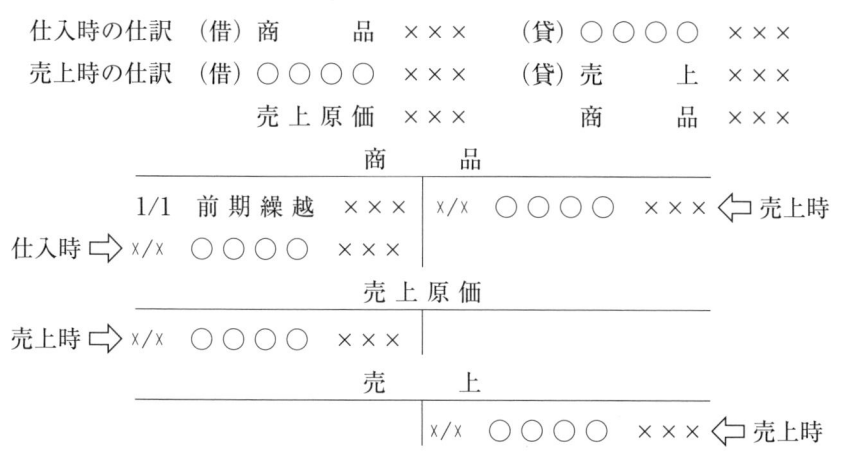

```
仕入時の仕訳  （借）商    品  ×××   （貸）○○○○  ×××
売上時の仕訳  （借）○○○○ ×××   （貸）売    上  ×××
                    売 上 原 価 ×××         商    品  ×××
```

```
               商        品
        1/1 前期繰越 ×××  | x/x ○○○○ ××× ⇐売上時
仕入時⇨ x/x ○○○○ ×××  |
               売 上 原 価
売上時⇨ x/x ○○○○ ×××  |
                 売        上
                          | x/x ○○○○ ××× ⇐売上時
```

売上原価対立法によれば，商品勘定が企業に存在する商品の原価合計を常時示すため，在庫管理に適しています。また，売上勘定が売上高を示し，売上原価勘定が売上原価を示すため，期末において売上高および売上原価の金額を別途計算する必要がなく，損益計算書が容易に作成できます。

> **例題 4 - 2**
> **例題 4 - 1** における仕訳を，売上原価対立法によって示しなさい。

解答

期中①	（借）商　　品	60,000	（貸）現　　金	60,000
②	（借）現　　金	80,000	（貸）売　　上	80,000
	売上原価	50,000	商　　品	50,000

期末　仕訳なし

解説

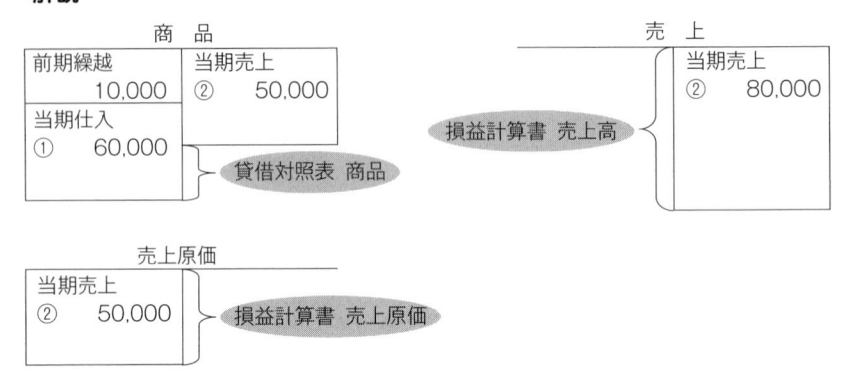

```
        商　品
┌──────────┬──────────┐
│前期繰越   │当期売上   │
│   10,000 │②  50,000 │
├──────────┤          │
│当期仕入   │          │
│①  60,000 │          │
│          ├──────────┤
│          │貸借対照表 商品│
└──────────┴──────────┘

        売　上
┌──────────┬──────────┐
│          │当期売上   │
│          │②  80,000 │
│          │          │
│   損益計算書 売上高  │
└──────────┴──────────┘

       売上原価
┌──────────┬──────────┐
│当期売上   │          │
│②  50,000 │          │
│          │          │
│ 損益計算書 売上原価  │
└──────────┴──────────┘
```

損益計算書および貸借対照表の表示は，分記法と同じです。

Ⅲ　三分法

　分記法や売上原価対立法では，期中における売上時の仕訳において，そのつど売上対象となる商品の仕入原価を確認し，これをもとに仕訳が行われます。しかし，大量の商品を仕入れ，かつ売り上げている企業においては，売上のつど仕入原価を確認することは困難です。この点に対処するための仕訳方法として，三分法（三分割法）があります。三分法は，今日の企業で広く採用されています。

　三分法では，商品売買に関して，繰越商品勘定，仕入勘定，売上勘定の3つの勘定が用いられます。すなわち，期首において前期から繰り越されてきた商品は**繰越商品**勘定（資産）の借方に原価で記入されています。期中，仕入時は**仕入**勘定の借方に原価で記入し，売上時は**売上**勘定（収益）の貸方に売価で記入します。期末には，売上原価の金額を算定するために，前期から繰り越されてきた商品たる**繰越商品**勘定を貸方に原価で記入し，同額を**仕入**勘定の借方に原価で記入します。また，次期へ繰り越される商品たる**繰越商品**勘定を借方に原価で記入し，同額を**仕入**勘定の貸方に原価で記入します。

仕入時の仕訳	（借）仕　　　　入	×××	（貸）○○○○	×××
売上時の仕訳	（借）○○○○	×××	（貸）売　　　　上	×××
期末時の仕訳	（借）仕　　　　入	×××	（貸）繰 越 商 品	×××
	（借）繰 越 商 品	×××	（貸）仕　　　　入	×××

```
                    繰 越 商 品
         1/1   前期繰越  ×××  | 12/31  仕      入  ×××  ⇐決算時
決算時⇒ 12/31  仕      入  ×××  |

                    仕       入
仕入時⇒ x/x   ○○○○     ×××  | 12/31  繰越商品    ×××  ⇐決算時
決算時⇒ 12/31  繰越商品     ×××  |

                    売       上
                                 | x/x   ○○○○     ×××  ⇐売上時
```

　三分法によれば，繰越商品勘定は期首および期中において，期首商品棚卸高の金額を示します。また，売上勘定は売上高を示し，期中段階での仕入勘定は当期商品仕入高を示します。さらに，期末において売上原価算定のための仕訳（決算整理仕訳）を行うことで，期末段階での仕入勘定は売上原価の金額を示し，繰越商品勘定は期末商品棚卸高ならびに貸借対照表の商品の金額を示します。

例題 4 - 3

例題 4 - 1 における仕訳を，三分法によって示しなさい。

解答

期中①	（借）仕　　　　入	60,000	（貸）現　　　　金	60,000
②	（借）現　　　　金	80,000	（貸）売　　　　上	80,000
期末③	（借）仕　　　　入	10,000	（貸）繰 越 商 品	10,000
④	（借）繰 越 商 品	20,000	（貸）仕　　　　入	20,000

解説

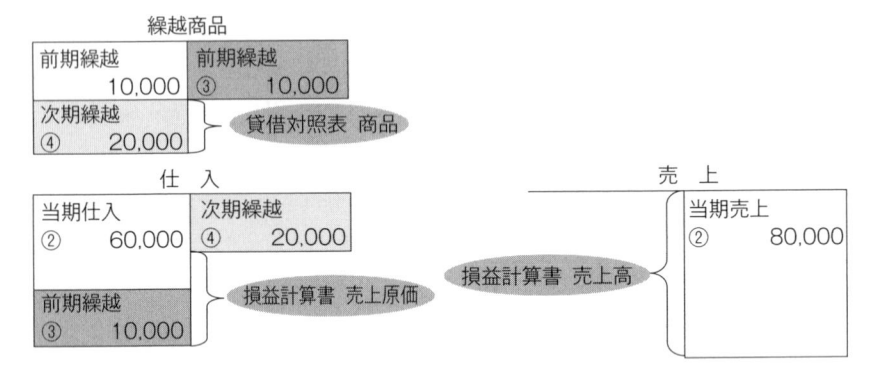

```
         繰越商品
┌─────────┬─────────┐
│前期繰越  │前期繰越  │
│  10,000 │③ 10,000 │
├─────────┤         │
│次期繰越  │         │──→ 貸借対照表 商品
│④ 20,000│         │
└─────────┴─────────┘

          仕　入                              売　上
┌─────────┬─────────┐                    ┌─────────────────┐
│当期仕入  │次期繰越  │                    │当期売上          │
│② 60,000│④ 20,000│                    │②       80,000 │
│         │         │──→ 損益計算書 売上高→│                 │
├─────────┤         │                    │                 │
│前期繰越  │         │──→ 損益計算書 売上原価│                 │
│③ 10,000│         │                    │                 │
└─────────┴─────────┘                    └─────────────────┘
```

損益計算書および貸借対照表の表示は，分記法，売上原価対立法と同じです。

Ⅳ　売上・仕入における返品と値引

1　売上返品と売上値引　●●●

　商品を売り上げた際，品違いや品質不良などによって得意先から商品が返されることを売上戻り（売上返品）といいます。また，同様の理由によって得意先に商品代金の値引を行うことを売上値引といいます。両者の違いは，売り上げた商品の数量的減少を伴うか否かにありますが，いずれにせよ売上の取り消しを意味します。したがって，売上戻りや売上値引があった場合には，**売上勘定（収益）**の借方に記入します。

売上時の仕訳　　（借）○○○○　×××　　（貸）売　　　上　×××
売上返品・
値引時の仕訳　　（借）売　　　上　×××　　（貸）○○○○　×××

```
                      売　　　上
返品・　    x/x  ○○○○   ×××  │ x/x  ○○○○   ×××  ⇐ 売上時
値引時  ⇒
```

2 仕入返品と仕入値引 ●●●

　商品を売り上げた際，品違いや品質不良などによって仕入先に商品を返すことを仕入戻し（仕入返品）といいます。また，同様の理由によって仕入先から商品代金の値引を受けることを仕入値引といいます。両者の違いは，仕入れた商品の数量的減少を伴うか否かにありますが，いずれにせよ仕入の取り消しを意味します。したがって，仕入戻しや仕入値引があった場合には，**仕入**勘定（費用）の貸方に記入します。

仕入時の仕訳　　（借）仕　　　　入　×××　　（貸）○○○○　×××
仕入返品・
値引時の仕訳　　（借）○○○○　×××　　（貸）仕　　　　入　×××

	仕		入	
仕入時 ⇨ x/x ○○○○ ×××	x/x ○○○○ ××× ⇦ 返品・値引時

例題 4-4

　次の取引の仕訳を三分法によって示し，売上勘定と仕入勘定に転記しなさい。

10/3　熊本商店から商品483,000円を仕入れ，代金は掛とした。
10/9　熊本商店より仕入れた商品は品違いであり，すべて返品した。
10/18　島根商店に商品を336,000円で売り渡し，その代金は島根商店振出の小切手により受け取った。
10/24　島根商店に売り渡した商品の一部に品傷みがあったため値引に応じ，16,800円を現金で支払った。

解答

10/3	（借）仕　　　　入	483,000	（貸）買　　掛　　金	483,000
10/9	（借）買　　掛　　金	483,000	（貸）仕　　　　入	483,000
10/18	（借）現　　　　金	336,000	（貸）売　　　　上	336,000
10/24	（借）売　　　　上	16,800	（貸）現　　　　金	16,800

	売	上	
10/24 現　　金　　16,800		10/18 現　　　金　　336,000	

	仕	入	
10/3 買　掛　金　　483,000		10/9 買　掛　金　　483,000	

解説

10/9　仕入返品があった場合には，仕入の金額をその分だけ減額させます。

10/24　売上値引があった場合には，売上の金額をその分だけ減額させます。

Ⅴ　仕入諸掛と発送費

1　仕入諸掛 ●●●

　商品を仕入れる際に，引取運賃，保管料，関税などの費用を生じる場合があります。これらの費用を仕入諸掛といいます。仕入諸掛はその商品を販売するために犠牲となった費用であるため，その商品が販売された時点で売上原価を形成すべきものです。そこで，商品仕入時においては，商品本体の代金（購入代金）に，仕入諸掛を付随費用として加算して処理することになります。

　仕入時の仕訳

　　（借）仕　　　　　入　×××　　（貸）○　○　○　○　×××
　　　　　　　　　　　　　　　　　　　　　└─購入代金
　　　　　　　　　　　　　　　　　　　現金／当座預金　×××
　　　　　　　　　　　　　　　　　　　　　└─仕入諸掛

2　発送費 ●●●

　商品を売り上げる際に，発送運賃，荷造費などの費用を生じる場合があります。これらの費用を発送費といいます。発送費は販売契約により，売り手側で

負担する場合と買い手側で負担する場合とがあります。

　売り手側で負担する場合には，その商品を販売するために犠牲となった費用であるため，**発送費**勘定（費用）の借方に記入します。これに対し，買い手側で負担する場合には，商品本体の代金（販売代金）と発送費を合算して決済する方法と，商品本体の代金と切り離し，発送費を**立替金**勘定（資産）の借方に記入する方法とがあります。

　売り手側で発送費を負担する際の売上時の仕訳
　　　（借）〇　〇　〇　〇　×××　　（貸）売　　　　上　×××
　　　（借）発　　送　　費　×××　　（貸）現金／当座預金　×××

買い手側で発送費を負担する際の売上時の仕訳
［販売代金と合算する場合］
　　　（借）〇　〇　〇　〇　×××　　（貸）売　　　　上　×××
　　　　　　　　　　　　　　　　　　　　　└販売代金
　　　　　　　　　　　　　　　　　　現金／当座預金　×××
　　　　　　　　　　　　　　　　　　　　　└発送費

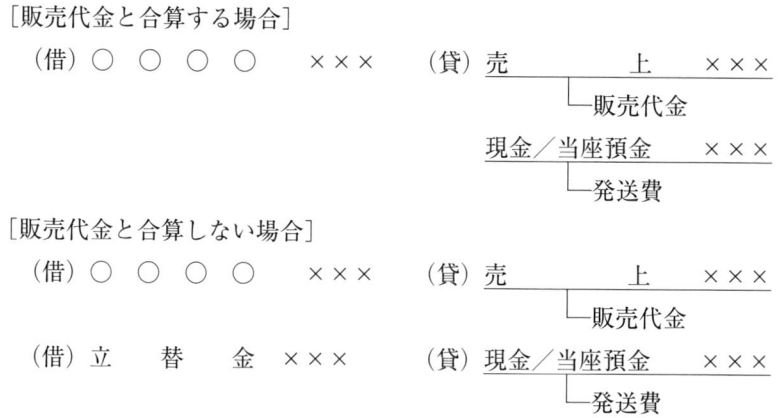

［販売代金と合算しない場合］
　　　（借）〇　〇　〇　〇　×××　　（貸）売　　　　上　×××
　　　　　　　　　　　　　　　　　　　　　└販売代金
　　　（借）立　替　金　×××　　（貸）現金／当座預金　×××
　　　　　　　　　　　　　　　　　　　　　└発送費

例題 4-5

　次の取引の仕訳を，三分法によって示しなさい。

5/10　栃木商店から商品420,000円を仕入れ，その代金は小切手を振り出し，引取運賃8,400円は現金で支払った。

5/22　上記栃木商店より仕入れた商品の半分を佐賀商店に262,500円で売り渡し，その代金は掛とした。なお，当店負担の発送費6,300円を小切手を振り出して支払った。

5/29　上記栃木商店より仕入れた商品の残り半分を滋賀商店に262,500

……円で売り渡し，その代金は滋賀商店振出の小切手により受け取った。なお，先方負担の発送費4,200円を現金で支払った。

解答

5/10	(借) 仕　　　入	428,400	(貸) 当 座 預 金	420,000
			現　　　金	8,400
5/22	(借) 売 掛 金	262,500	(貸) 売　　　上	262,500
	(借) 発 送 費	6,300	(貸) 当 座 預 金	6,300
5/29	(借) 現　　　金	262,500	(貸) 売　　　上	262,500
	(借) 立 替 金	4,200	(貸) 現　　　金	4,200

解説

5/10　仕入の金額は，購入代金420,000円と仕入諸掛8,400円の合計となります。

5/22　売上およびその代金である売掛金の金額は，販売代金262,500円となります。発送費は当店負担であるため，発送費（費用）として処理します。

5/29　売上およびその代金である現金の金額は，販売代金262,500円となります。発送費は先方負担であり，かつ，販売代金は小切手により回収済みのため，立替金（資産）として処理します。

練習問題

次の取引の仕訳を，三分法によって示しなさい。なお，12/1現在における繰越商品の勘定残高は651,000円，仕入の勘定残高4,620,000円である。

12/5 　福井商店から商品441,000円を仕入れ，その代金は掛とし，引取運賃8,400円は現金で支払った。

12/11　埼玉商店に商品（帳簿価額134,400円）を168,000円で売り渡し，その代金は同店振出の小切手で受け取り，ただちに当座預金に預け入れた。なお，当店負担の発送費4,200円を小切手を振り出して支払った。

12/14　福井商店より12/5に仕入れた商品の一部に品傷みがあったため21,000円の値引を受け，同店に対する買掛金から差し引いた。

12/18　埼玉商店に12/11売り渡した商品につき品違いとの連絡を受け，すべて引き取ってきた。その際，小切手を振り出して返金した。

12/23　山梨商店に商品（帳簿価額302,400円）を378,000円で売り渡し，その代金のうち200,000円は同店振出の小切手で受け取り，残金は掛とした。なお，先方負担の発送費6,300円を現金で支払った。

12/31　本日，期末日を迎えたため，売上原価を算定する。商品の次期繰越高は882,000円であった。

解答・解説

12/5	(借) 仕　　　入	449,400	(貸) 買　掛　金	441,000
			現　　　金	8,400
12/11	(借) 当 座 預 金	168,000	(貸) 売　　　上	168,000
	(借) 発　送　費	4,200	(貸) 当 座 預 金	4,200
12/14	(借) 買　掛　金	21,000	(貸) 仕　　　入	21,000
12/18	(借) 売　　　上	168,000	(貸) 当 座 預 金	168,000
12/23	(借) 現　　　金	200,000	(貸) 売　　　上	378,000
	売　掛　金	184,300	現　　　金	6,300
12/31	(借) 仕　　　入	651,000	(貸) 繰 越 商 品	651,000
	(借) 繰 越 商 品	882,000	(貸) 仕　　　入	882,000

12/5　仕入の金額は，購入代金441,000円と仕入諸掛8,400円の合計となります。

12/11　売上およびその代金である当座預金の金額は，販売代金168,000円となります。発送費は当店負担であるため，発送費（費用）として処理します。

12/14　仕入値引があった場合には，仕入の金額をその分だけ減額させます。

12/18　売上返品があった場合には，売上の金額をその分だけ減額させます。

12/23　売上の金額は，販売代金378,000円となり，代金のうち小切手で受け取った200,000円は現金とし，残額178,000円は売掛金とします。発送費は先方負担であるため，売掛金（資産）に含めるか立替金（資産）として処理します。

12/31　売上原価算定のための仕訳を行います。

		繰 越 商 品				
1/1	前 期 繰 越	651,000	12/31	仕	入	651,000
12/31	仕 入	882,000				

		仕	入		
		4,620,000	12/14	買 掛 金		21,000
12/5	諸 口	449,400	12/31	繰 越 商 品		882,000
12/31	繰 越 商 品	651,000				

第5章 商品売買取引②

> **ポイント**
>
> ☐ 販売活動について，詳細な記録をするために設ける補助記入帳を売上帳という。
>
> ☐ 購買活動について，詳細な記録をするために設ける補助記入帳を仕入帳という。
>
> ☐ 商品の増減を記録するために設ける補助元帳を商品有高帳という。
>
> ☐ 商品有高帳に記入する際，商品の原価の流れを，仕入れた順に払い出されたと仮定する方法を先入先出法という。
>
> ☐ 得意先に対して代金の一部または全部を受け取ったときは前受金勘定に貸記し，その後商品の引き渡しがあったときは前受金勘定に借記する。
>
> ☐ 仕入先に対して代金の一部または全部を支払ったときは前払金勘定に借記し，その後商品の引き渡しがあったときは前払金勘定に貸記する。
>
> ☐ 商品券を発行したときは商品券勘定に貸記し，その後商品券の利用により商品の引き渡しがあったときは商品券勘定に借記する。

Ⅰ 売上帳と仕入帳

1 売上帳 ●●●

　商品の販売活動について詳細な資料を得るためには，売上勘定だけでは不十分です。すなわち，売上勘定からは，売り上げた日付と金額は把握できますが，得意先，代金回収方法，品名，数量，単価などが分かりません。そこで，販売活動について，詳細な記録をするために設けられる補助記入帳が売上帳です。

　商品を売り上げたときには，売上帳に以下の要領で記入します。

① 日付，得意先，代金回収方法，品名，数量，単価，合計金額を記入します。異なる種類の商品を同時に売り上げた場合には，商品の種類ごとの金額を内訳欄に記入します。
② 売上値引と売上戻りについては，朱記します。
③ 月末等における締め切りに際しては，売上値引と売上戻りを朱記し，総売上高からこれらを差し引いて純売上高を記入します。したがって，売上帳と売上勘定（総勘定元帳）の関係は，以下のとおりとなります。

売上帳	売上勘定（総勘定元帳）
総売上高	貸方合計
売上値引・売上戻り高	借方合計
純売上高	貸方残高

2 仕入帳 ●●●

　商品の購買活動について詳細な資料を得るためには，仕入勘定だけでは不十分です。すなわち，仕入勘定からは，仕入れた日付と金額は把握できますが，仕入先，代金支払方法，品名，数量，単価などが分かりません。そこで，購買活動について，詳細な記録をするために設けられる補助記入帳が仕入帳です。

　商品を仕入れたときには，仕入帳に以下の要領で記入します。

① 日付，仕入先，代金支払方法，品名，数量，単価，合計金額を記入します。異なる種類の商品を同時に仕入れた場合には，商品の種類ごとの金額を内訳欄に記入します。
② 仕入値引と仕入戻しについては，朱記します。
③ 月末等における締め切りに際しては，仕入値引と仕入戻しを朱記し，総仕入高からこれらを差し引いて純仕入高を記入します。したがって，仕入帳と仕入勘定（総勘定元帳）の関係は，以下のとおりとなります。

仕入帳	仕入勘定（総勘定元帳）
総仕入高	借方合計
仕入値引・仕入戻し高	貸方合計
純仕入高	借方残高

例題 5 - 1

次の取引を売上帳と仕入帳に記入しなさい。

1/5　青森商店からA商品20個を単価33,600円で仕入れ，代金は掛とした。

1/8　青森商店から仕入れたA商品のうち3個が破損していたので返品した。なお，代金は買掛金から差し引くことにした。

1/10　千葉商店にA商品12個を単価42,000円で売り渡し，代金は掛とした。

1/13　千葉商店に売り渡したA商品6個が汚損していたので，1個につき@2,100円の値引きを承諾した。なお，代金は売掛金から差し引くことにした。

1/16　静岡商店から次の商品を仕入れ，代金は掛とした。
　　　　B商品　15個　@25,200円
　　　　C商品　35個　@16,800円

1/18　静岡商店から仕入れたC商品のうち5個が損傷していたので，1個につき@4,200円の値引きを受けた。なお，代金は買掛金から

差し引くことにした。
1/22　佐賀商店に次の商品を売り渡し、代金のうち300,000円は同店振出の小切手で受け取り、残金は掛とした。
　　　　A商品　6個　@42,000円
　　　　C商品　18個　@21,000円
1/26　佐賀商店に売り渡したA商品6個は品違いにつき返品を受けた。なお、代金は売掛金から差し引くことにした。

解答

売　上　帳

平成x年		摘　　要			内　訳	金　額
1	10	千葉商店		掛		
		A商品	12個	@￥42,000		504,000
	13	**千葉商店**		**掛値引**		
		A商品	**6個**	**@￥2,100**		**12,600**
	22	佐賀商店		小切手および掛		
		A商品	6個	@￥42,000	252,000	
		C商品	18個	@￥21,000	378,000	630,000
	13	**佐賀商店**		**掛返品**		
		A商品	**6個**	**@￥42,000**		**252,000**
	31		総　売　上　高			1,134,000
	〃		**売上値引・戻り高**			264,600
			純　売　上　高			869,400

仕 入 帳

平成x年		摘 要		内 訳	金 額
1	5	青森商店	掛		
		A商品　20個　@¥33,600			672,000
	8	**青森商店**	**掛返品**		
		A商品　3個　@¥33,600			100,800
	16	静岡商店	掛		
		B商品　15個　@¥25,200		378,000	
		C商品　35個　@¥16,800		588,000	966,000
	18	静岡商店	掛値引		
		C商品　5個　@¥4,200			21,000
	31	総仕入高			1,638,000
	〃	仕入値引・戻し高			121,800
		純仕入高			1,516,200

解説

1/5	(借)	仕	入	672,000	(貸)	買 掛 金		672,000
1/8	(借)	買 掛 金		100,800	(貸)	仕	入	100,800
1/10	(借)	売 掛 金		504,000	(貸)	売	上	504,000
1/13	(借)	売	上	12,600	(貸)	売 掛 金		12,600
1/16	(借)	仕	入	966,000	(貸)	買 掛 金		966,000
1/18	(借)	買 掛 金		21,000	(貸)	仕	入	21,000
1/22	(借)	現 金 売 掛 金		300,000 330,000	(貸)	売	上	630,000
1/26	(借)	売	上	252,000	(貸)	売 掛 金		252,000

Ⅱ 商品有高帳

1 商品有高帳の意義 ●●●

　商品の記帳方法として，分記法や売上原価対立法を用いる場合には，商品勘定の残高をもって手許商品有高を把握することができますが，多くの企業により採用されている三分法では，手許商品有高を把握することができません。そこで，商品の増減を記録するために設けられる補助元帳が商品有高帳です。
　商品有高帳は商品種類別に口座を設け，商品の受入と払出ならびに残高について，ある原価の流れの仮定に従って記入します。これにより，商品の種類別における月中ごとの売上原価や月末ごとの有高が判明します。

2 先入先出法 ●●●

　同一種類の商品であっても，仕入の時期により仕入単価が異なることがあります。そこで，商品有高帳に記入する際に，払い出した商品の単価として，どの仕入単価を適用するか，すなわち原価の流れの仮定が問題となります。原価の流れの仮定に関する方法としては種々がありますが，ここでは先入先出法を示します。
　先入先出法とは，商品の原価の流れを，仕入れた順に払い出されたと仮定する方法です。仕入単価が異なる商品を一時に払い出したときや，仕入単価が異なる商品が残高を構成している場合には，これらを並記し，中カッコでくくります。
　月末等における締め切りに際しては，次月繰越を払出欄に朱記し，受入と払出の月次合計を一致させます。

図表 5-1　先入先出法の原理

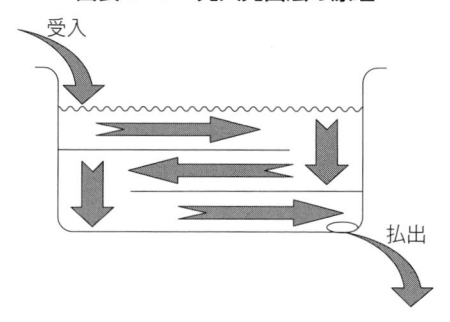

例題 5-2

次のA商品に関する取引につき，先入先出法によって商品有高帳に記入し，8月中の売上高と売上原価の金額を算定しなさい。なお，8／1現在における前月繰越の金額は92,000円（@1,150円，80個）であった。

8／3　長野商店からA商品@1,200円で100個を仕入れ，代金は掛とした。
8／7　富山商店にA商品@1,600円で110個を売り渡し，代金は掛とした。
8／13　長野商店からA商品@1,240円で150個を仕入れ，代金は掛とした。
8／19　新潟商店にA商品@1,700円で140個を売り渡し，代金は掛とした。
8／25　長野商店からA商品@1,240円で50個を仕入れ，代金は掛とした。

解答

先入先出法

<u>商品有高帳</u>
A商品

平成x年		摘要	受入			払出			残高		
			数量	単価	金額	数量	単価	金額	数量	単価	金額
8	1	前月繰越	80	1,150	92,000				80	1,150	92,000
	3	仕入	100	1,200	120,000				80	1,150	92,000
									100	1,200	120,000
	7	売上				80	1,150	92,000			
						30	1,200	36,000	70	1,200	84,000
	13	仕入	150	1,240	186,000				70	1,200	84,000
									150	1,240	186,000
	19	売上				70	1,200	84,000			
						70	1,240	86,800	80	1,240	99,200
	25	仕入	50	1,240	62,000				130	1,240	161,200
	31	次月繰越				130	1,240	161,200			
			380		460,000	380		460,000			

8月中の売上高　414,000円　　8月中の売上原価　298,800円

解説

8/3	(借) 仕　　　入	120,000	(貸) 買　掛　金	120,000
8/7	(借) 売　掛　金	176,000	(貸) 売　　　上	176,000
8/13	(借) 仕　　　入	186,000	(貸) 買　掛　金	186,000
8/19	(借) 売　掛　金	238,000	(貸) 売　　　上	238,000
8/25	(借) 仕　　　入	62,000	(貸) 買　掛　金	62,000

Ⅲ　内金・商品券

1　前受金と前払金　●●●

　前受金とは，得意先より代金の一部または全部を受け取ったものをいいます。前受金が増加したとき（すなわち内金を受け取ったとき）は**前受金**勘定（負債）の貸方に記入し，前受金が減少したとき（すなわち商品の引き渡しがあったとき）は**前受金**勘定（負債）の借方に記入します。

図表 5-2　前受金の勘定連絡

②（借）前 受 金　×××
　　　　○○○○　×××
　　（貸）売　　上　×××

①（借）現　　　金　×××
　　（貸）前 受 金　×××

　前払金とは，仕入先に対して代金の一部または全部を支払ったものをいいます。前払金が増加したとき（すなわち内金を支払ったとき）は**前払金**勘定（資産）の借方に記入し，前払金が減少したとき（すなわち商品の引き渡しがあっ

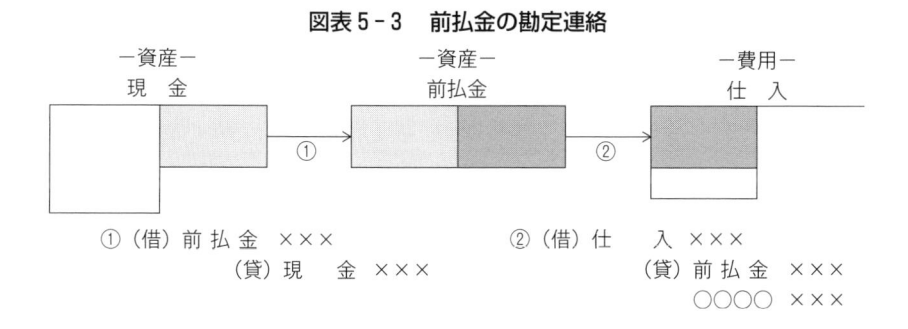

図表 5-3　前払金の勘定連絡

①（借）前 払 金　×××
　　（貸）現　　　金　×××

②（借）仕　　入　×××
　　（貸）前 払 金　×××
　　　　○○○○　×××

たとき）は**前払金**勘定（資産）の貸方に記入します。

2　商品券　●●●

　小売店が商品券を発行し，その後顧客がその商品券を利用して商品を購入する取引形態があります。これを企業側からみれば，商品券を発行した段階で将来において商品を引き渡す義務を負うことを意味するため，商品券の発行は前受金に類似した性格を有します。

　ただし，前受金は引き渡す商品と得意先が特定されていますが，商品券ではこれらが特定化されていません。そのため，商品券を発行したときは，**商品券**勘定（負債）の貸方に記入し，商品券が減少したとき（すなわち商品の引き渡しがあったとき）は**商品券**勘定（負債）の借方に記入します。

図表5-4　商品券の勘定連絡

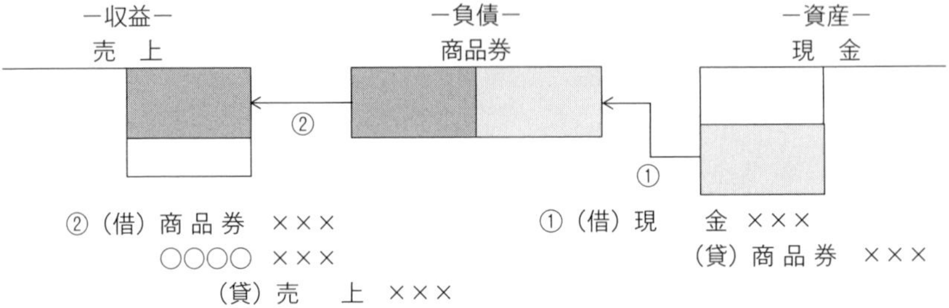

―収益―　　　　　　　　―負債―　　　　　　　　―資産―
　売　上　　　　　　　　　商品券　　　　　　　　　現　金

②（借）商品券　×××　　　　　　　　①（借）現　金　×××
　　　　○○○○　×××　　　　　　　　　　（貸）商品券　×××
　　　（貸）売　上　×××

例題 5-3

　次の取引の仕訳を示しなさい。

3/3　商品券100,000円を発行し，代金は現金で受け取った。

3/10　高知商店から，商品（売却代金336,000円）の発注を受けるとともに，手付金として33,600円が当座預金に振り込まれた。

3/20　高知商店に商品336,000円を売り渡し，代金はすでに受け取ってあった手付金33,600円を差し引き，残額は掛とした。

3/24　宮崎商店に商品（購入代金672,000円）の発注を行うとともに，内金として100,000円を小切手を振り出して支払った。

> 3/30 商品48,300円を売り渡し、代金のうち45,000円は当店発行の商品券で、残額は現金で受け取った。

解答

3/3	(借) 現　　　　金	100,000	(貸) 商　品　券	100,000
3/10	(借) 当　座　預　金	33,600	(貸) 前　受　金	33,600
3/20	(借) 前　受　金 　　　売　掛　金	33,600 302,400	(貸) 売　　　　上	336,000
3/24	(借) 前　払　金	100,000	(貸) 当　座　預　金	100,000
3/30	(借) 商　品　券 　　　現　　　　金	45,000 3,300	(貸) 売　　　　上	48,300

解説

3/3　商品券を発行したときは、商品券（負債）を増額させます。

3/10　商品の手付金（内金）を受け取ったときは、前受金（負債）を増額させます。

3/20　手付金（内金）を受け取っている商品を引き渡したときは、手付金分は前受金（負債）を減額させ、残額は売掛金（資産）を増額させます。

3/24　商品の内金（手付金）を支払ったときは、前払金（資産）を増額させます。

3/30　商品券の受取により商品を引き渡したときは、商品券分は商品券（負債）を減額させ、残額は現金（資産）を増額させます。

練習問題

(1) 次の仕入帳と売上帳に基づき，A商品につき先入先出法によって商品有高帳に記入しなさい。（締切不要）

仕　入　帳

平成x年		摘　　　要			内　訳	金　額
7	6	長崎商店		小切手		
		A商品	300個	@¥960		288,000
	10	熊本商店		掛		
		A商品	225個	@¥940	211,500	
		C商品	150個	@¥1,320	198,000	409,500

売　上　帳

平成x年		摘　　　要			内　訳	金　額
7	8	福井商店		掛		
		A商品	390個	@¥1,200	468,000	
		C商品	250個	@¥1,640	410,000	878,000
	11	和歌山商店		掛値引		
		A商品	30個	@¥240		7,200

商品有高帳
A商品

先入先出法

平成x年		摘要	受入			払出			残高		
			数量	単価	金額	数量	単価	金額	数量	単価	金額
7	1	前月繰越	150	930	139,500				150	930	139,500

(2) 次の取引の仕訳を示しなさい。

4/16　兵庫商店から，商品（売却代金231,000円）の発注を受けるとともに，内金として46,200円の郵便為替証書を受け取った。

4/23　鳥取商店から商品147,000円を仕入れ，代金はすでに支払ってあった手付金44,100円を差し引き，残額は小切手を振り出して支払った。

解答・解説

(1)

先入先出法

商品有高帳
A商品

平成x年		摘要	受入			払出			残高		
			数量	単価	金額	数量	単価	金額	数量	単価	金額
7	1	前月繰越	150	930	139,500				150	930	139,500
	6	仕入	300	960	288,000				{ 150	930	139,500
									300	960	288,000
	8	売上				{ 150	930	139,500			
						240	960	230,400	60	960	57,600
	10	仕入	225	940	211,500				{ 60	960	57,600
									225	940	211,500

(2)

4/16	(借) 現　　金	46,200	(貸) 前　受　金	46,200
4/23	(借) 仕　　入	147,000	(貸) 前　払　金	44,100
			当座預金	102,900

4/16　商品の内金（手付金）を受け取ったときは，前受金（負債）を増額させます。

4/23　手付金（内金）を支払っている商品の引き渡しを受けたときは，手付金分は前払金（資産）を減額させ，残額は当座預金（資産）を減額させます。

第6章 商品売買取引③

ポイント

□ 売掛金は営業取引によって生じた得意先に対する未収入金であり，買掛金は営業取引によって生じた仕入先に対する未支払金である。

□ 売掛金勘定の代わりに得意先ごとの人名を付した勘定を設けて記録し，買掛金勘定の代わりに仕入先ごとの人名を付した勘定を設けて記録する方法がとられる場合がある。

□ 得意先ごとの売掛金や仕入先ごとの買掛金については，得意先元帳と仕入先元帳という補助元帳を設け，管理を行うことがある。

□ 手形は，法律上は約束手形と為替手形に分類されるが，簿記上は受取手形と支払手形に分類される。

□ 約束手形は，手形の振出人が名宛人に対して，指定期日に指定場所で一定の金額を支払うことを約束した貨幣証券である。

□ 為替手形は，手形の振出人が名宛人に対して，指定期日に指定場所で一定の金額を第三者に支払うことを委託した貨幣証券である。

□ 手形所持人は，手形を引き渡すことにより手形を決済し換金する。その際，記名式の手形にあっては，所持人が手形の裏面に署名・捺印する。

□ 売掛金などが回収不能となって生じる損失を，貸倒損失という。

□ 期末に売掛金などがある場合に，予め将来の貸倒額を見積もり，当期の費用として計上する際の貸方勘定を貸倒引当金という。

□ 貸倒引当金の設定方法としては，差額補充法が用いられる。

Ⅰ 掛取引

1 売掛金と買掛金 ●●●

　売掛金とは，営業取引によって生じた得意先に対する未収入金をいい，営業取引以外によって生じた未収入金を処理する未収金とは区別されます。売掛金が増加したとき（すなわち売上があったとき）は**売掛金**勘定（資産）の借方に記入し，売掛金が減少したとき（すなわち決済や貸倒があったとき）は**売掛金**勘定（資産）の貸方に記入します。

　買掛金とは，営業取引によって生じた仕入先に対する未支払金をいい，営業取引以外によって生じた未支払金を処理する未払金とは区別されます。買掛金が増加したとき（すなわち仕入があったとき）は**買掛金**勘定（負債）の貸方に記入し，買掛金が減少したとき（すなわち決済があったとき）は買掛金勘定（負債）の借方に記入します。

2 人名勘定 ●●●

　売掛金勘定と買掛金勘定からは，企業全体としての売掛金と買掛金の増減変化は把握できますが，得意先ごとの売掛金や仕入先ごとの買掛金の増減変化は把握できません。しかし，売掛金と買掛金の管理上，得意先ごとの売掛金や仕入先ごとの買掛金の増減変化を把握する必要があります。

　このため，売掛金勘定の代わりに得意先ごとの人名（企業名）を付した勘定を設けて記録し，また，買掛金勘定の代わりに仕入先ごとの人名（企業名）を付した勘定を設けて記録する方法がとられる場合があります。これらの勘定を，人名勘定といいます。

3 売掛金元帳と買掛金元帳 ●●●

　企業が売掛金と買掛金の管理のために人名勘定を設けた場合，企業全体としての売掛金と買掛金の増減変化が把握しづらくなります。そこで，総勘定元帳

上は売掛金勘定と買掛金勘定を用い，これらを多数の人名勘定の上位における勘定（統制勘定）として位置づけつつ，得意先ごとの売掛金や仕入先ごとの買掛金は得意先元帳（売掛金元帳）と仕入先元帳（買掛金元帳）という補助元帳を設け，管理を行うことがあります。

例題 6 - 1

次の取引の仕訳を人名勘定を用いて示し，得意先元帳と仕入先元帳に記入しなさい。

3/8 岩手商店（人名勘定の前月繰越金額は147,000円である。）から商品210,000円を仕入れ，代金は掛とし，引取運賃6,300円は現金で支払った。

3/12 商品を鹿児島商店（人名勘定の前月繰越金額は126,000円である。）に147,000円で売り渡し，代金は掛とした。なお，先方負担の発送費4,200円を現金で支払った。

3/14 商品を京都商店（人名勘定の前月繰越金額は164,000円である。）に126,000円で売り渡し，代金は掛とした。なお，当店負担の発送費4,200円を小切手を振り出して支払った。

3/20 岩手商店より3/8に仕入れた商品の一部に品傷みがあったため21,000円の値引を受け，同店に対する買掛金から差し引いた。

3/27 徳島商店（人名勘定の前月繰越金額は135,000円である。）から商品378,000円を仕入れ，代金のうち200,000円は小切手を振り出し，残額は掛とした。引取運賃8,400円は現金で支払った。

3/31 京都商店に対する売掛金86,000円を，送金小切手にて受け取り，ただちに当座預金に預け入れた。

解答

3/8	(借)仕　　　　入	216,300	(貸)岩 手 商 店	210,000
			現　　　　金	6,300
3/12	(借)鹿児島商店	151,200	(貸)売　　　　上	147,000
			現　　　　金	4,200
3/14	(借)京 都 商 店	126,000	(貸)売　　　　上	126,000
	(借)発　送　費	4,200	(貸)当 座 預 金	4,200
3/20	(借)岩 手 商 店	21,000	(貸)仕　　　　入	21,000
3/27	(借)仕　　　　入	386,400	(貸)当 座 預 金	200,000
			徳 島 商 店	178,000
			現　　　　金	8,400
3/31	(借)当 座 預 金	86,000	(貸)京 都 商 店	86,000

得意先元帳
鹿児島商店

平成x年		摘　　要	借　方	貸　方	借または貸	残　高
3	1	前月繰越	126,000		借	126,000
	12	売上	151,200		〃	277,200

得意先元帳
京都商店

平成x年		摘　　要	借　方	貸　方	借または貸	残　高
3	1	前月繰越	164,000		借	164,000
	14	売上	126,000		〃	290,000
	31	回収		86,000	〃	204,000

仕入先元帳
岩手商店

平成x年		摘要	借方	貸方	借または貸	残高
3	1	前月繰越		147,000	貸	147,000
	8	仕入		210,000	〃	357,000
	20	値引	21,000		〃	336,000

仕入先元帳
徳島商店

平成x年		摘要	借方	貸方	借または貸	残高
3	1	前月繰越		135,000	貸	135,000
	27	仕入		178,000	〃	313,000

解説

3/8　買掛代金210,000円は，人名勘定の岩手商店（負債）となります。

3/12　売掛代金147,000円と先方負担の発送費4,200円は，人名勘定の鹿児島商店（資産）となります。

3/14　売掛代金126,000円は，人名勘定の京都商店（資産）となります。

3/20　買掛代金の減少は，人名勘定の岩手商店（負債）の減少となります。

3/27　買掛代金178,000円は，人名勘定の徳島商店（負債）となります。

3/31　売掛代金の減少は，人名勘定の京都商店（資産）の減少となります。

Ⅱ 手形取引

1 手形の分類 ●●●

　商品売買などの決済手段として，手形が用いられることがあります。手形とは，指定期日に指定場所で一定の金額を支払うことを明示した貨幣証券です。
　手形は，法律上は約束手形と為替手形に分類され，取引上は商業手形と金融手形に分類されます。ただし，簿記上はこれらの分類とは切り離し，債権（資産）たる受取手形と債務（負債）たる支払手形に分類されます。

2 約束手形 ●●●

　約束手形（約手）とは，手形の振出人（支払人）が名宛人（受取人）に対して，指定期日に指定場所で一定の金額を支払うことを約束した貨幣証券です。
　手形債権者である名宛人は，約束手形を受け取ったとき（すなわち売掛金の決済や売上があったとき）は**受取手形**勘定（資産）の借方に記入し，約束手形を決済したとき（すなわち代金の入金があったとき）は**受取手形**勘定（資産）の貸方に記入します。また，手形債務者である振出人は，約束手形を振り出したとき（すなわち買掛金の決済や仕入があったとき）は**支払手形**勘定（負債）の貸方に記入し，約束手形を決済したとき（すなわち代金の出金があったとき）は**支払手形**勘定（負債）の借方に記入します。

図表6-1　約束手形の流れ

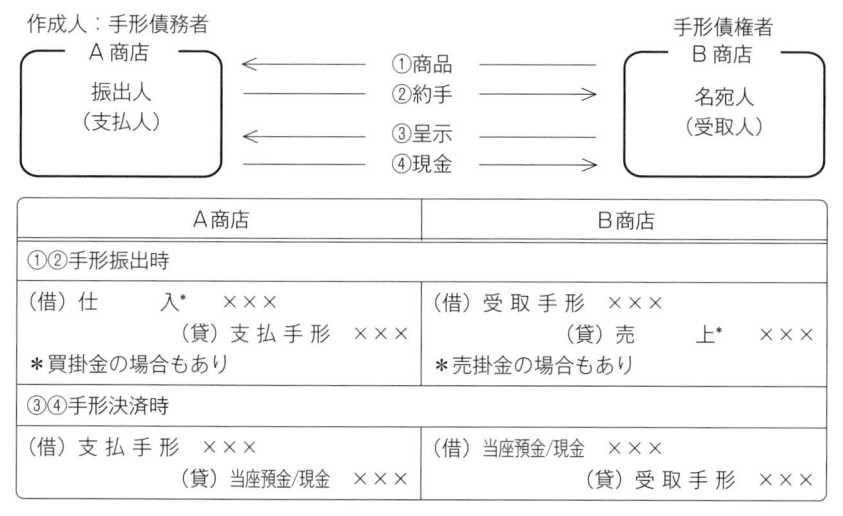

```
作成人：手形債務者                                手形債権者
   A商店         ①商品                     B商店
   振出人    ←──────────→         名宛人
  （支払人）   ②約手                    （受取人）
           ←──────────→
            ③呈示
           ←──────────→
            ④現金
           ←──────────→
```

A商店	B商店
①②手形振出時	
（借）仕　　入*　×××　　　　　　　 　　　　（貸）支払手形　××× ＊買掛金の場合もあり	（借）受取手形　×××　　　　　　　 　　　　（貸）売　　上*　××× ＊売掛金の場合もあり
③④手形決済時	
（借）支払手形　×××　　　　　　　 　　　　（貸）当座預金/現金　×××	（借）当座預金/現金　×××　　　　　 　　　　（貸）受取手形　×××

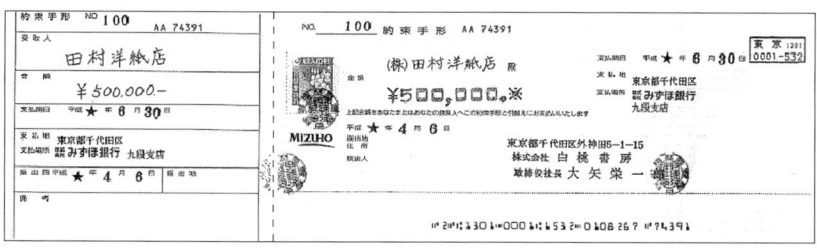

債権債務の点からみれば，受取手形は売掛金と，支払手形は買掛金と同様ですが，手形は法律上の有価証券であり，裏書譲渡により資金の早期回収が可能となる点において売掛金や買掛金と異なります。

3　為替手形　●●●

為替手形（為手）とは，手形の振出人が名宛人（支払人）に対して，指定期日に指定場所で一定の金額を第三者（受取人）に支払うことを委託した貨幣証券です。

手形債権者である受取人は，為替手形を受け取ったとき（すなわち売掛金の決済や売上があったとき）は**受取手形**勘定（資産）の借方に記入し，為替手形

を決済したとき(すなわち代金の入金があったとき)は**受取手形勘定**(資産)の貸方に記入します。また,手形債務者である名宛人は,為替手形を引き受けたとき(すなわち買掛金の決済があったとき)は**支払手形勘定**(負債)の貸方

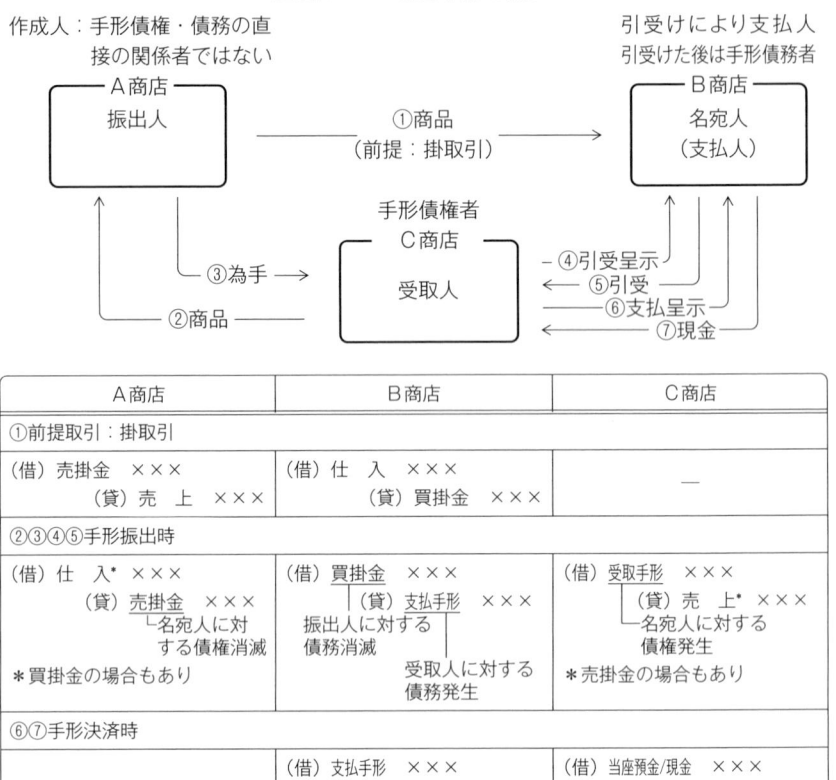

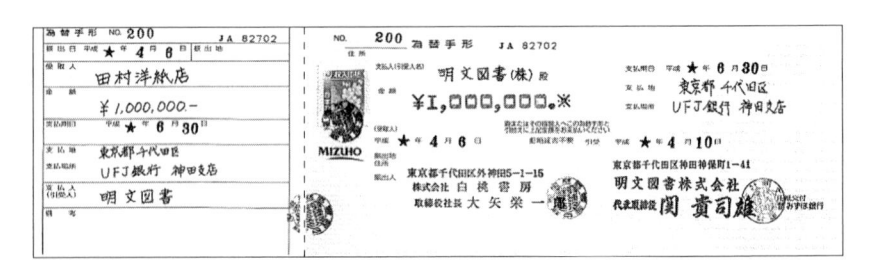

図表6-2　為替手形の流れ

```
作成人:手形債権・債務の直                                  引受けにより支払人
      接の関係者ではない                                   引受けた後は手形債務者
        ┌A商店┐                                          ┌B商店┐
        │振出人│ ──①商品─────────→  │名宛人│
        └───┘   (前提:掛取引)                         │(支払人)│
                                                           └───┘
          ↑                手形債権者
          │               ┌C商店┐
          │  ─③為手─→ │受取人│  ─④引受呈示→
          │               │     │  ←⑤引受────
          │               └───┘  ─⑥支払呈示→
          └──②商品─────               ←⑦現金────
```

	A商店	B商店	C商店
①前提取引:掛取引	(借)売掛金　××× 　　(貸)売　上　×××	(借)仕　入　××× 　　(貸)買掛金　×××	―
②③④⑤手形振出時	(借)仕　入*　××× 　　(貸)売掛金　××× 　　└名宛人に対 　　　する債権消滅 *買掛金の場合もあり	(借)買掛金　××× 　　(貸)支払手形　××× 　│振出人に対する 　│債務消滅 　　受取人に対する 　　債務発生	(借)受取手形　××× 　　(貸)売　上*　××× 　　└名宛人に対する 　　　債権発生 *売掛金の場合もあり
⑥⑦手形決済時	―	(借)支払手形　××× 　　(貸)当座預金/現金　×××	(借)当座預金/現金　××× 　　(貸)受取手形　×××

為替手形 NO.200　JA 82702
振出地 平成 ★ 年 4 月 6 日
受取人　田村洋紙店
金額　¥1,000,000.-
支払期日　平成 ★ 年 6 月 30 日
支払地　東京都千代田区
　　　　UFJ銀行　神田支店
引受人　明文図書

NO.200　為替手形　JA 82702
住所
支払人(引受人)殿　明文図書(株)殿
金額　¥1,000,000.※
平成 ★ 年 4 月 6 日
東京都千代田区外神田5-1-15
株式会社　白　綠　書　房
取締役社長　大　矢　榮　一

支払期日　平成 ★ 年 6 月 30 日
支払地　東京都千代田区
支払場所　UFJ銀行　神田支店
東京都千代田区神田神保町1-41
明文図書株式会社
代表取締役　関　貴司雄

第6章　商品売買取引③

に記入し，為替手形を決済したとき（すなわち代金の出金があったとき）は**支払手形**勘定（負債）の借方に記入します。

4　手形の裏書譲渡　●●●

手形所持人は，手形を引き渡すことにより手形を決済し換金します。その際，記名式の手形にあっては，所持人が手形の裏面に署名・捺印します。

手形の譲渡は，(1)手形代金の取立事務を銀行に委託する場合のほか，(2)仕入などのために取引先に譲渡する場合や(3)手形の期日前に融資を目的として手数料を差し引き金融機関に譲渡する場合があります。(1)は形式的譲渡であり，仕訳対象とはなりません。これに対し，(2)は手形の裏書（狭義），(3)は手形の割引と呼ばれ，それぞれ**受取手形**勘定（資産）の貸方に記入します。

(1) 手形の裏書

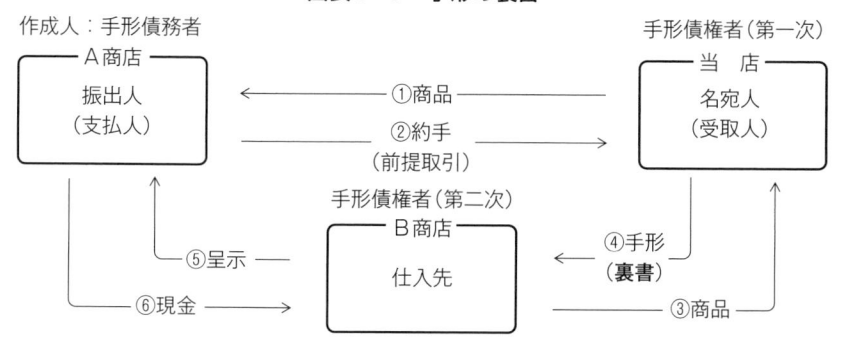

図表6-3　手形の裏書

当　店	B商店
③④手形裏書時	
（借）仕　　入*　××× 　　　　（貸）受 取 手 形　××× ＊買掛金の場合もあり	（借）受 取 手 形　××× 　　　　（貸）売　　上*　××× ＊売掛金の場合もあり
⑤⑥手形決済時	
―	（借）当座預金／現金　××× 　　　　（貸）受 取 手 形　×××

(2) 手形の割引

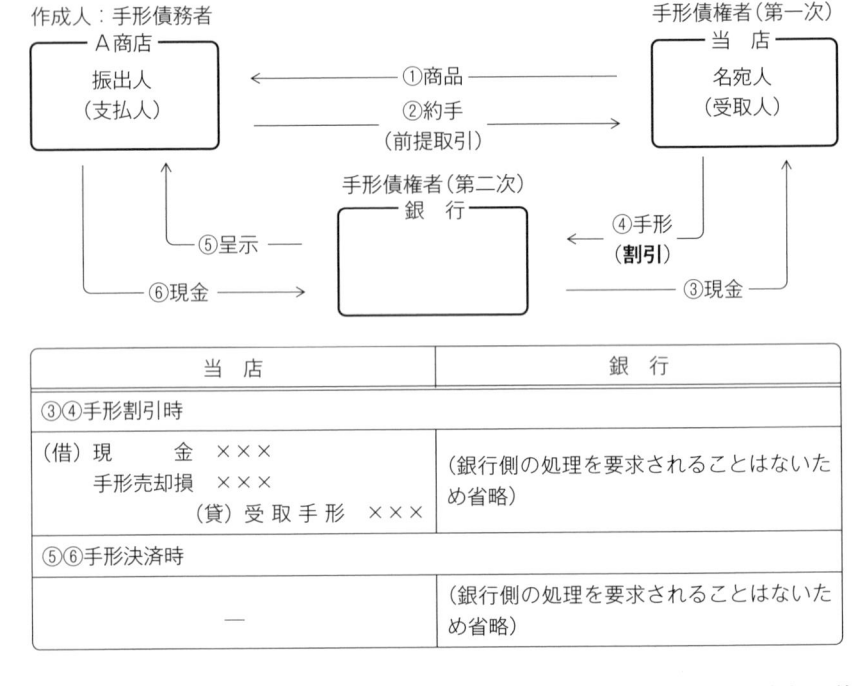

図表 6-4　手形の割引

```
作成人：手形債務者                                手形債権者（第一次）
  ┌── A商店 ──┐                                    ┌── 当  店 ──┐
  │  振出人   │ ←──── ①商品 ────              │   名宛人    │
  │ （支払人）│ ────── ②約手 ──────→          │ （受取人）  │
  └───────────┘       （前提取引）               └─────────────┘
                          手形債権者（第二次）
                          ┌── 銀  行 ──┐
        ⑤呈示 ──────     │            │ ←── ④手形
                          │            │      （割引）
        ⑥現金 ──────→    │            │ ──── ③現金
                          └─────────────┘
```

	当　店	銀　行
③④手形割引時		
	(借) 現　　金　××× 　　　手形売却損　××× 　　　　(貸) 受 取 手 形　×××	（銀行側の処理を要求されることはないため省略）
⑤⑥手形決済時		
	―	（銀行側の処理を要求されることはないため省略）

　手形を割り引いた際生じる手数料に相当する項目は，理論上手形の売却に伴う損失の発生と捉え，**手形売却損**勘定（費用）とします。

5　受取手形記入帳と支払手形記入帳　●●●

　手形は1件ごとに金額，種類，番号，支払人，振出人または裏書人，振出日，満期日，支払場所，支払日，裏書譲渡の事実を明確に管理する必要があります。このために，受取手形記入帳や支払手形記入帳という補助記入帳を設け，それらの管理を行うことがあります。

> **例題 6-2**
> 　次の取引の仕訳を示し，受取手形記入帳と支払手形記入帳に記入しなさい。

2/3　北海商店から商品315,000円を仕入れ，代金のうち100,000円は小切手を振り出し，残額は約束手形（手形番号 #24，支払場所 白桃銀行，振出日 2月3日，支払日 5月3日）を振り出して支払った。

2/13　沖縄商店に商品252,000円を売り渡し，代金は同店振出の約束手形（手形番号 #81，支払場所 平成銀行，振出日 2月13日，支払日 8月13日）で受け取った。

2/20　愛媛商店に対する買掛金の支払いとして，2月13日に沖縄商店から受け取ってあった約束手形を裏書譲渡した。

3/18　香川商店に対する買掛金357,000円の支払いのために，かねて売掛金のある群馬商店宛の為替手形（手形番号 #17，支払場所 昭和銀行，振出日 3月18日，支払日 6月18日）を振り出し，同店の引き受けを得て，香川商店に渡した。

4/7　山形商店に商品462,000円を売り渡し，代金のうち300,000円は同店振出，岡山商店引受の為替手形（手形番号 #52，支払場所 大正銀行，振出日 3月24日，支払日 6月24日）を受け取り，残額は掛とした。

4/10　仕入先福岡商店から買掛金399,000円について，同店振出，茨城商店受取，当店宛の為替手形（手形番号 #90，支払場所 白桃銀行，振出日 5月10日，支払日 7月10日）の引受を求められ，これを引き受けた。

4/30　4月7日に山形商店から受け取ってあった為替手形を白桃銀行で割り引き，割引料を差し引かれ，手取金297,500円は当座預金とした。

5/3　2月3日に振り出した約束手形の支払期日が来たため，小切手を振り出して支払った。

解答

2/3	（借）仕　　　　入	315,000	（貸）当 座 預 金	100,000
			支 払 手 形	215,000
2/13	（借）受 取 手 形	252,000	（貸）売　　　　上	252,000
2/20	（借）買　掛　金	252,000	（貸）受 取 手 形	252,000
3/18	（借）買　掛　金	357,000	（貸）売　掛　金	357,000
4/7	（借）受 取 手 形	300,000	（貸）売　　　　上	462,000
	売　掛　金	162,000		
4/10	（借）買　掛　金	399,000	（貸）支 払 手 形	399,000
4/30	（借）当 座 預 金	297,500	（貸）受 取 手 形	300,000
	手形売却損	2,500		
5/3	（借）支 払 手 形	215,000	（貸）当 座 預 金	215,000

受取手形記入帳

平成x年		摘要	金額	手形種類	手形番号	支払人	振出人または裏書人	振出日		期日		支払場所	てん末		
								月	日	月	日		月	日	摘要
2	13	売上	252,000	約手	81	沖縄商店	沖縄商店	2	13	8	13	平成銀行	2	20	裏書
4	7	売上	300,000	為手	52	岡山商店	山形商店	3	24	6	24	大正銀行	4	30	割引

支払手形記入帳

平成x年		摘要	金額	手形種類	手形番号	受取人	振出人	振出日		期日		支払場所	てん末		
								月	日	月	日		月	日	摘要
2	3	仕入	215,000	約手	24	北海商店	当店	2	3	5	3	白桃銀行	5	3	支払
4	10	買掛金	399,000	為手	90	茨城商店	福岡商店	4	10	7	10	白桃銀行			

解説

2/3　約束手形を振り出したとき（振出人）は，支払手形（負債）に貸記します。

2/13　約束手形を受け取ったとき（名宛人）は，受取手形（資産）に借記しま

す。

2/20 手持ちの手形を裏書譲渡したときは、受取手形（資産）に貸記します。

3/18 買掛金の支払いのために為替手形を振り出したき（振出人）は、買掛金（負債）に借記し、売掛金（資産）に貸記します。

4/7 為替手形を受け取ったとき（受取人）は、受取手形（資産）に借記します。

4/10 為替手形を引き受けたとき（名宛人）は、支払手形（負債）に貸記します。

4/30 手持ちの手形を割引譲渡したときは、受取手形（資産）に貸記し、手取金との差額たる割引料は、手形売却損（費用）とします。

5/3 約束手形を期日に支払ったときは、支払手形（負債）に借記します。

III 貸倒れ

1 貸倒損失の計上 ●●●

　売掛金や受取手形は、将来の一定時点で現金などによる回収が予定されますが、支払義務者の財務状況の悪化などによって回収が不能となることもあります。これにより生じる損失を、貸倒損失といいます。たとえば、売掛金が回収

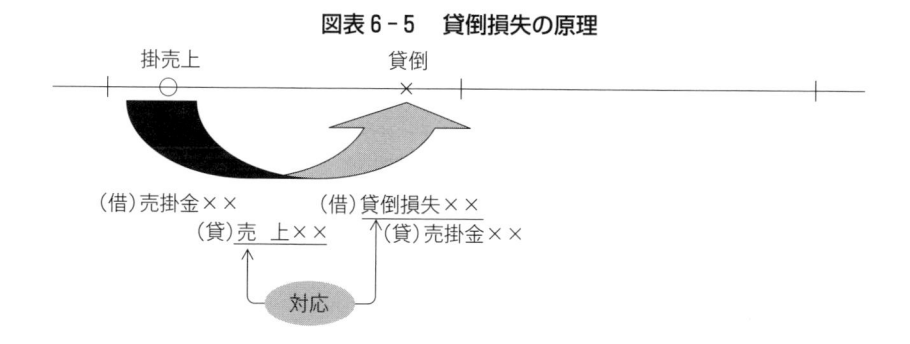

図表6-5　貸倒損失の原理

　　掛売上　　　　　貸倒
　　　○　　　　　　×

（借）売掛金××　　（借）貸倒損失××
　（貸）売　上××　　　（貸）売掛金××
　　　　　　　対応

不能となったとき（すなわち貸倒が生じたとき）は**貸倒損失**勘定（費用）の借方に記入し，**売掛金**勘定（資産）の貸方に記入します。

2 貸倒引当金の設定と取崩 ●●●

売掛金などが当期に発生したものであれば，それから生じた貸倒損失を当期の費用とする処理に問題はありません。ところが，この売掛金などが前期以前に発生したものであれば，それから生じた貸倒損失を当期の費用とすると，費用と収益が異なる会計期間に計上されるため適切でありません。したがって，期末に売掛金などがある場合には，あらかじめ将来の貸倒額を見積もり，当期の費用として計上します。そのときは，**貸倒引当金繰入**勘定（費用）の借方に記入し，**貸倒引当金**勘定（資産の控除的勘定）の貸方に記入します。そして，貸倒引当金の設定後において，その売掛金などが実際に貸し倒れたときは，**貸倒引当金**勘定（資産の控除的勘定）の借方に記入し，**売掛金**勘定（資産）の貸方に記入します。これにより，貸倒れが発生した会計期間には，費用が計上されないことになります。

図表6-6　貸倒引当金の原理

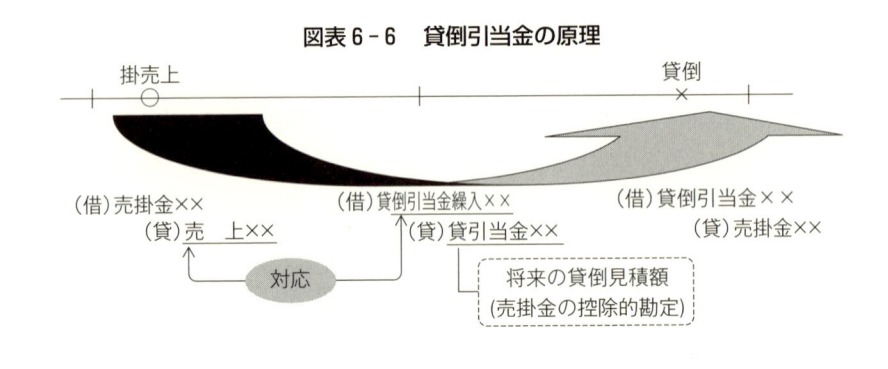

図表6-7　貸倒引当金勘定の性格

3 貸倒引当金の設定方法 ●●●

期末に売掛金などがある場合には貸倒引当金を設定しますが，その金額については，差額補充法（差額法）が用いられます。差額補充法とは，期末に計上すべき貸倒引当金の金額の計上につき，期中に取り崩さなかったために期末に残っている貸倒引当金との差額分だけを追加的に計上する方法です。

図表6-8　差額補充法

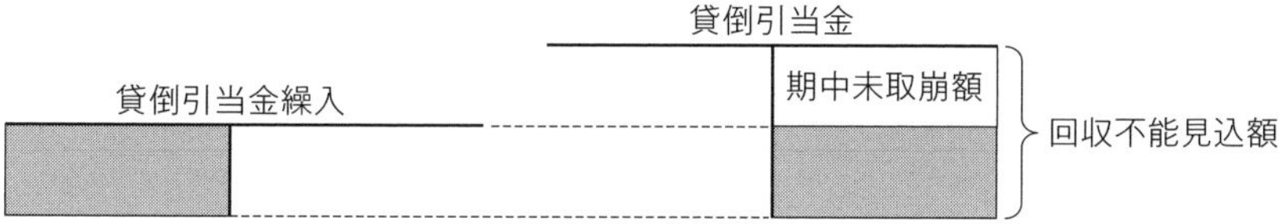

例題6-3

次の取引の仕訳を示しなさい。なお，貸倒引当金の残高が345,000円ある。

12/10　得意先の広島商店が倒産し，前期に生じた売掛金294,000円が貸倒れとなった。

12/22　当期に生じた福島商店に対する売掛金168,000円が貸倒れとなった。

12/31　本日決算日を迎えた。売掛金残高6,300,000円の1.2％の貸倒れを見積もる。差額補充法により処理すること。

解答

12/10	（借）貸倒引当金	294,000	（貸）売　掛　金	294,000
12/22	（借）貸倒損失	168,000	（貸）売　掛　金	168,000
12/31	（借）貸倒引当金繰入	24,600	（貸）貸倒引当金	24,600

解説

12/10　前期発生売掛金の当期貸倒については，貸倒引当金を取り崩します。

12/22　当期発生売掛金の当期貸倒については，貸倒損失（費用）を計上します。

12/31　決算において差額補充法により，貸倒引当金を計上します。

貸倒引当金繰入　｜　貸倒引当金　期中未取崩額 345,000−294,000　｜　回収不能見込額 6,300,000×1.2%

練習問題

次の取引の仕訳を示しなさい。なお，12月1日現在，貸倒引当金の残高が264,000円，当座預金の残高が240,000円ある。なお，当店は銀行との間で借越限度額600,000円の当座借越契約を締結している。当座預金の処理については，二勘定制（当座借越勘定を用いる方法）によっている。

12/4　当期に生じた秋田商店に対する売掛金126,000円が貸倒れとなった。

12/8　岐阜商店に対する売掛金294,000円について，同店振出の約束手形を受け取った。

12/9　島根商店に振り出していた約束手形357,000円の支払期日が来たため，小切手を振り出して支払った。

12/10　北海商店から商品378,000円を仕入れ，代金のうち200,000円は約束手形を振り出し，残額は掛とした。

12/14　得意先の宮城商店が倒産し，前期に生じた売掛金189,000円が貸倒れとなった。

12/15　山口商店に対する買掛金の支払いとして，12月8日に岩手商店から受け取ってあった約束手形を裏書譲渡した。

12/18　徳島商店から商品483,000円を仕入れ，かねて売掛金のある沖縄商店宛の為替手形を振り出し，同店の引き受けを得て，徳島商店に渡した。

12/22　三重商店に商品399,000円で売り渡し，代金のうち250,000円は同店振出，石川商店引受の為替手形を受け取り，残額は三重商店振出の約束手形を受け取った。

12/24　仕入先埼玉商店から買掛金546,000円について，同店振出，山梨商店受取，当店宛の為替手形の引受を求められ，これを引き受けた。

12/25　かねて滋賀商店から受け取ってあった約束手形360,000円を白桃銀行で割り引き，割引料4,500円を差し引かれ，手取金は当座預金とした。

12/31　本日決算日を迎えた。売掛金残高7,200,000円の1.5%の貸倒を見積もる。差額補充法により処理すること。

解答・解説

12/4	(借)	貸 倒 損 失	126,000	(貸)	売	掛	金	126,000
12/8	(借)	受 取 手 形	294,000	(貸)	売	掛	金	294,000
12/9	(借)	支 払 手 形	357,000	(貸)	当 座 預 金			240,000
					当 座 借 越			117,000
12/10	(借)	仕 入	378,000	(貸)	支 払 手 形			200,000
					買 掛 金			178,000
12/14	(借)	貸 倒 引 当 金	189,000	(貸)	売	掛	金	189,000
12/15	(借)	買 掛 金	294,000	(貸)	受 取 手 形			294,000
12/18	(借)	仕 入	483,000	(貸)	売	掛	金	483,000
12/22	(借)	受 取 手 形	399,000	(貸)	売		上	399,000
12/24	(借)	買 掛 金	546,000	(貸)	支 払 手 形			546,000
12/25	(借)	当 座 借 越	117,000	(貸)	受 取 手 形			360,000
		当 座 預 金	238,500					
		手 形 売 却 損	4,500					
12/31	(借)	貸倒引当金繰入	33,000	(貸)	貸 倒 引 当 金			33,000

12/4 当期発生売掛金の当期貸倒については，貸倒損失を計上します。
12/8 約束手形を受け取ったときは，受取手形に借記します。
12/9 約束手形を期日に支払ったときは，支払手形に借記します。
12/10 約束手形を振り出したときは，支払手形に貸記します。
12/14 前期発生売掛金の当期貸倒については，貸倒引当金を取り崩します。
12/15 手持ちの手形を裏書譲渡したときは，受取手形に貸記します。
12/18 仕入のために為替手形を振り出したときは，仕入に借記し，売掛金に貸記します。
12/22 為替手形と約束手形を受け取ったときは，受取手形に借記します。
12/24 為替手形を引き受けたときは，支払手形に貸記します。
12/25 手持ちの手形を割引譲渡したときは，受取手形（資産）に貸記し，手取金との差額たる割引料は，手形売却損とします。
12/31 決算において差額補充法により，貸倒引当金を計上します。

第7章 資金貸借取引

> **ポイント**
>
> □ 資金貸借取引とは
>   事業活動に必要な資金を取引先に貸し付けたり，金融機関から借り入れたりすることを資金貸借取引といい，証書（借用証書または金銭消費貸借契約書）による場合と手形による場合がある。また，資金の貸借には利息の受け払いが伴うが，資金貸借時に利息を受け払いする（先払い）ケースと資金返済時に利息を受け払いする（後払い）ケースがある。
>
> □ 証書による資金貸借取引の仕訳
>   □ 利息先払いのケース
>
> | | 貸し付けた人 | | 借り入れた人 | |
> | --- | --- | --- | --- | --- |
> | | 借 方 | 貸 方 | 借 方 | 貸 方 |
> | 貸借時 | 貸 付 金 ×× | 受取利息 ×× | 支払利息 ×× | 借 入 金 ×× |
> | | | 現金など ×× | 現金など ×× | |
> | 返済時 | 現金など ×× | 貸 付 金 ×× | 借 入 金 ×× | 現金など ×× |
>
>   □ 利息後払いのケース
>
> | | 貸し付けた人 | | 借り入れた人 | |
> | --- | --- | --- | --- | --- |
> | | 借 方 | 貸 方 | 借 方 | 貸 方 |
> | 貸借時 | 貸 付 金 ×× | 現金など ×× | 現金など ×× | 借 入 金 ×× |
> | 返済時 | 現金など ×× | 受取利息 ×× | 支払利息 ×× | 現金など ×× |
> | | | 貸 付 金 ×× | 借 入 金 ×× | |
>
> □ 手形による資金貸借取引の仕訳
>   □ 利息先払いのケース
>
> | | 貸し付けた人 | | 借り入れた人 | |
> | --- | --- | --- | --- | --- |
> | | 借 方 | 貸 方 | 借 方 | 貸 方 |
> | 貸借時 | 手形貸付金 ×× | 受取利息 ×× | 支払利息 ×× | 手形借入金 ×× |
> | | | 現金など ×× | 現金など ×× | |
> | 返済時 | 現金など ×× | 手形貸付金 ×× | 手形借入金 ×× | 現金など ×× |

Ⅰ 借用証書等による資金貸借取引

1 取引の概要 ●●●

　個人商店では，開店するための準備資金や営業活動（仕入・販売活動）を行うために必要な資金は，店主が自己資金を元入れ（出資）して賄いますが，それだけでは足りない場合，金融機関や取引先から資金を借り入れて必要な資金を調達することがあります。一方，自己資金に余裕がある場合，取引先から資金の融通を依頼されて資金を貸し出す場合があります。いずれの場合も資金の貸し借りをするときは，一般に貸付日・貸付金額（＝これが元本となります）・元本返済の時期と方法・利息の定めなどが記載された借用証書または金銭消費貸借契約書を交わします。銀行では一般に１年以上の長期の資金貸出で使うことが多いようです。

　つづいて，資金の貸し借りには利息の受け払いが伴います。利息は，資金の貸し借りをした日から支払期日まで資金を自由に消費できることに対する対価であり，借り主は貸し主に対して貸借金額に対する一定の割合の利息を支払い，貸し主は借り主から利息を受け取ります。この利息の割合を利率といい，元金に対する１年間の利息の割合を年利，元金に対する１か月の利息の割合を月利といいます。たとえば，年利12％，月利１％のように％で表示します。この利率は当事者間によって自由に定めることができますが，利息制限法によってその上限は定められています。利息の計算は次のように行います。

> 利息の金額＝貸付（借入）残高（＝元本残高）×利率×経過期間

例題 7 - 1

① 貸付（借入）金額120,000円，年利５％，貸付（借入）期間６か月の場合，利息の金額はいくらになりますか？

| 解答欄 | 3,000円 |

② 貸付（借入）金額200,000円，月利 1 ％，貸付（借入）期間 3 か月の場合，利息の金額はいくらになりますか？

| 解答欄 | 6,000円 |

解説
① 利息額 $= 120,000 円 \times 5\% \times \dfrac{6 か月}{12 か月} = 3,000 円$
② 利息額 $= 200,000 円 \times 1\% \times 3 か月 = 6,000 円$

2　会計処理（仕訳） ●●●

(1)　資金の貸付・借入時

借用証書等に基づき，資金の貸付または借入が行われたときは，**貸付金勘定（資産）**または**借入金勘定（負債）**を用いて次のように仕訳します。

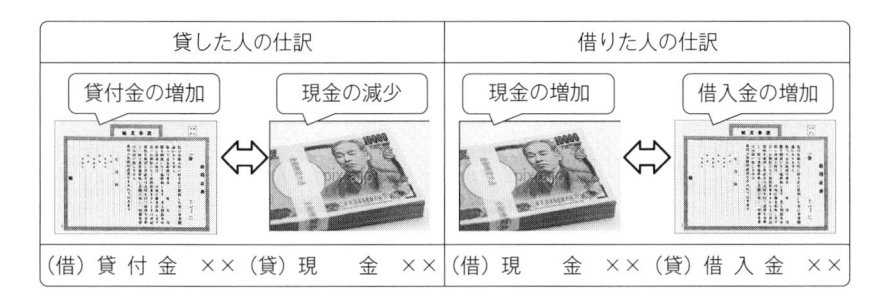

貸した人の仕訳	借りた人の仕訳
貸付金の増加 ⇔ 現金の減少	現金の増加 ⇔ 借入金の増加
（借）貸付金　××（貸）現　金　××	（借）現　金　××（貸）借入金　××

(2)　資金の返済時

資金の返済の時期を支払期日または満期日といい，6 か月後や 1 年後など当事者間で自由に設定されます。また資金の返済方法は支払期日に一括返済する場合やと 1 か月ごとに分割して支払うなどの方法があります。いずれの場合も返済時には，次のように貸付・借入時と反対の仕訳をします。

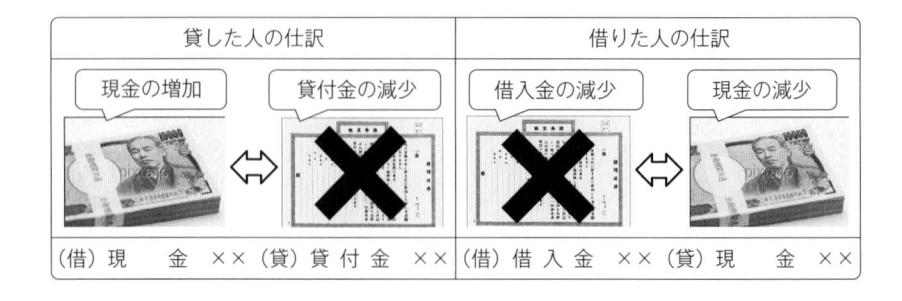

貸した人の仕訳	借りた人の仕訳
現金の増加 ⇔ 貸付金の減少	借入金の減少 ⇔ 現金の減少
（借）現　　金　××（貸）貸付金　××	（借）借入金　××（貸）現　　金　××

(3) 利息の受け払い時

利息を受け払いしたときは，**受取利息勘定（収益）**または**支払利息勘定（費用）**を用いて次のように仕訳します。

貸した人の仕訳	借りた人の仕訳
（借）現　　金　××（貸）受取利息　××	（借）支払利息　××（貸）現　　金　××

また，利息の支払い方法には，①資金を貸し借りする際に受け払いする方法（**利息先払い**）と②資金を返済する際に受け払いする方法（**利息後払い**）があります。①の場合は，資金の貸し借りという取引と利息の受け払いという取引が同時に発生し，②の場合は，資金の返済という取引と利息の受け払いという取引が同時に発生します。このような取引の場合は，どのように会計処理（＝仕訳）すればいいのでしょうか。

① 利息先払いのケース

このケースでは資金の貸し借りという取引と利息の受け払いという取引が同時に発生するので，考え方としてはそれぞれの取引を仕訳してから，現金勘定を相殺して貸借差額を計算します。

〔考え方〕

	貸した人の仕訳	借りた人の仕訳
資金の貸借	（借）貸付金　××（貸）現　　金　××	（借）現　　金　××（貸）借入金　××
＋	＋	＋
利息の受払	（借）現　　金　××（貸）受取利息　××	（借）支払利息　××（貸）現　　金　××

〔結　果〕

	貸した人の仕訳	借りた人の仕訳
資金の貸借と利息の受払	（借）貸　付　金　××　（貸）現　　　金　×× 　　　　　　　　　　　　　受取利息　××	（借）現　　　金　××　（貸）借　入　金　×× 　　　支払利息　××

（注）　現金の金額は貸付（借入）金額から利息を差し引いた金額になります。

例題 7-2

次の取引の仕訳を示しなさい。ただし，勘定科目は次の中から最も正しいと思われるものを選ぶこと。

　　　現　　金　　当座預金　　貸　付　金　　手形貸付金
　　　借　入　金　　手形借入金　　受取利息　　支払利息

① 当社は，取引先東京商店から依頼のあった融資の依頼を受け入れ，同店から借用証書（貸付期間 4 か月，年利 6 ％）を受け取り，200,000円を貸し付けた。なお，貸付に際して，利息4,000円を差し引いた残額を現金で支払った。

② 上記①から 4 か月後，東京商店から貸付金額200,000円について全額返済を受け，同店が振り出した小切手を受け取った。

③ 当社は，取引銀行である全経銀行に資金の融資を依頼していたが，本日同銀行と金銭消費貸借契約書（貸付期間 6 か月，年利 4 ％）を取り交わし，500,000円を借り入れた。なお，借入に際して，利息を差し引かれ，残りの手取金は現金で受け取った。利息額は各自で計算すること。

④ 上記③から 6 か月後，当社は全経銀行に借入金額500,000円全額について，小切手を振り出して返済した。

解答

	借方科目	借方金額	貸方科目	貸方金額
①	貸　付　金	200,000	受　取　利　息	4,000
			現　　　　　金	196,000
②	現　　　　金	200,000	貸　付　金	200,000

③	支 払 利 息	10,000	借 入 金	500,000
	現 金	490,000		
④	借 入 金	500,000	当 座 預 金	500,000

解説

③利息額 = $500,000$円 × $4\% \times \dfrac{6か月}{12か月}$ = $10,000$円

② 利息後払いのケース

このケースでは資金の返済という取引と利息の受け払いという取引が同時に発生するので，考え方としてはそれぞれの取引を仕訳してから，現金勘定を合算します。

〔考え方〕

	貸した人の仕訳	借りた人の仕訳
資金の返済	（借）現　金　××（貸）貸付金　××	（借）借入金　××（貸）現　金　××
＋	＋	＋
利息の受払	（借）現　金　××（貸）受取利息　××	（借）支払利息　××（貸）現　金　××

〔結　果〕

	貸した人の仕訳	借りた人の仕訳
資金の返済 と 利息の受払	（借）現　金　<u>××</u>（貸）貸付金　×× 　　　　　　　　　　受取利息　××	（借）借入金　××（貸）現　金　<u>××</u> 　　　支払利息　××

（注）　現金の金額は貸付（借入）金の返済額と利息の受払額を足した金額になります。

例題 7-3

次の取引の仕訳を示しなさい。ただし，勘定科目は次の中から最も正しいと思われるものを選ぶこと。

　　　現　　　金　　当座預金　　貸　付　金　　手形貸付金
　　　借　入　金　　手形借入金　　受 取 利 息　　支 払 利 息

① 当社は取引先港商店から依頼のあった融資の依頼を受け入れ，同店から借用証書（貸付期間1年，年利5％）を受け取り，400,000円を現金で貸し付けた。

② 上記①から1年後，港商店から貸付金額400,000円について全額返済

を受け，利息20,000円とともに同店が振り出した小切手を受け取った。
③　当社は，取引銀行である全経銀行に資金の融資を依頼していたが，本日同銀行から500,000円を借り入れ，金銭消費貸借契約書（貸付期間6か月，月利1％）を取り交わして全額を現金で受け取った。
④　上記③から6か月後，当社は全経銀行に借入金額500,000円について，利息とともに小切手を振り出して返済した。なお，利息額は各自計算すること。

解答

	借方科目	借方金額	貸方科目	貸方金額
①	貸　付　金	400,000	現　　　金	400,000
②	現　　　金	420,000	貸　付　金	400,000
			受　取　利　息	20,000
③	現　　　金	500,000	借　入　金	500,000
④	借　入　金	500,000	当　座　預　金	530,000
	支　払　利　息	30,000		

解説
④利息額＝500,000円×1％×6か月＝30,000円

Ⅱ　手形による資金貸借取引

1　取引の概要　●●●

　Ⅰで説明した証書による資金貸借の他に，約束手形を振り出すことによって資金貸借を行う場合があります。これを**手形貸付（手形借入）**といいますが，証書による資金貸借と比べて，書類の作成が簡易，印紙税を安くできる場合がある，貸し主が手形を割り引くことで資金化できる，手形訴訟という簡易な訴

訟を利用できるなどのメリットがあるため，中小企業が銀行に対して短期の資金調達手段として利用することが多いようです。融資の条件としては，貸付（借入）期間を3か月とする利息先払いのケースが最も一般的です。また，利息の計算は次のように行います。

$$利息の金額 = 手形の額面金額 \times 年利率 \times \frac{手形振出日から満期日までの日数^{(注)}}{365日}$$

(注) 日数は振出日も満期日も含める両端入れという方法で計算します。

例題 7-4

① 手形の額面金額100,000円，年利7.3%，貸付（借入）期間92日（3/1～5/31）の場合，利息の金額はいくらになりますか。

| 解答欄 | 1,840円 |

② 手形の額面金額365,000円，年利4%，貸付（借入）期間91日（4/1～6/30）の場合，利息の金額はいくらになりますか。

| 解答欄 | 3,640円 |

解説

① 利息額 $= 100,000円 \times 7.3\% \times \frac{92日}{365日} = 1,840円$

　　日数の計算 $= 31日（3月）+ 30日（4月）+ 31日（5月）= 92日$

② 利息額 $= 365,000円 \times 4\% \times \frac{91日}{365日} = 3,640円$

　　日数の計算 $= 30日（4月）+ 31日（5月）+ 30日（6月）= 91日$

2　会計処理（仕訳）●●●

(1) 資金の貸付・借入時

手形を振り出すことによって資金の貸付または借入が行われたときは，**手形貸付金勘定（資産）**または**手形借入金勘定（負債）**を用います。また，この資金貸借に伴う利息の受け払いは<u>先払い</u>になるため，次のように仕訳します。

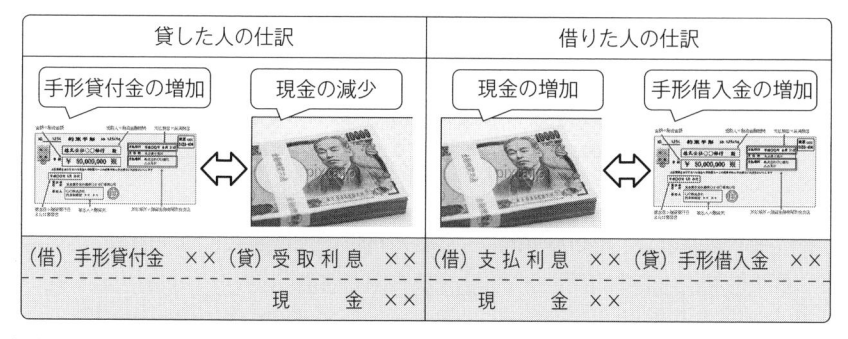

貸した人の仕訳	借りた人の仕訳
手形貸付金の増加 ⇔ 現金の減少	現金の増加 ⇔ 手形借入金の増加
（借）手形貸付金 ××（貸）受取利息 ×× 　　　　　　　　　　　現　　金 ××	（借）支払利息 ××（貸）手形借入金 ×× 　　　現　　金 ××

（注）　現金の金額は手形貸付（借入）金から利息の受払額を差し引いた金額になります。

(2) 資金の返済時の処理

資金の返済は期日一括返済となり，次のように仕訳します。

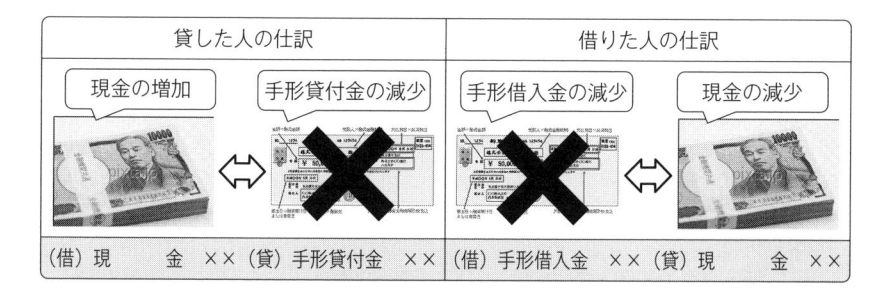

貸した人の仕訳	借りた人の仕訳
現金の増加 ⇔ 手形貸付金の減少	手形借入金の減少 ⇔ 現金の減少
（借）現　　金 ××（貸）手形貸付金 ××	（借）手形借入金 ××（貸）現　　金 ××

例題 7-5

次の取引の仕訳を示しなさい。ただし，勘定科目は次の中から最も正しいと思われるものを選ぶこと。

　　　現　　金　　当座預金　　貸　付　金　　手形貸付金
　　　借　入　金　　手形借入金　　受取利息　　支払利息

① 当社は，横浜商店へ200,000円を貸し付け，同額の約束手形を受け取った。なお，貸付金は利息を差し引き，残額について小切手を振り出して支払った。貸付期間は90日で利率は年7.3%である。
② 当社は上記①で横浜商店に貸し付けていた資金200,000円について，取引銀行を通じて取り立てを依頼したところ，当該手形が無事決済され，

当座預金口座に振り込まれたとの連絡を受けた。
③ 当社は取引銀行の京浜銀行から730,000円を借り入れ，約束手形を振り出した。なお，借入金は利息を差引かれ，手取金は当座預金口座に振り込まれた。借入期間は1月1日から3月31日（閏年でない）で利率は年5％である。
④ 当社は上記③で京浜銀行から借り入れていた資金730,000円について，支払依頼の連絡を受け，小切手を振り出して支払った。

解答

	借方科目	借方金額	貸方科目	貸方金額
①	手形貸付金	200,000	受取利息	3,600
			現　　金	196,400
②	現　　金	200,000	手形貸付金	200,000
③	支払利息	9,000	手形借入金	730,000
	現　　金	721,000		
④	手形借入金	730,000	当座預金	730,000

解説

① 利息額 $= 200,000円 \times 7.3\% \times \dfrac{90日}{365日} = 3,600円$

② 利息額 $= 730,000円 \times 5\% \times \dfrac{90日}{365日} = 9,000円$

　日数計算 $= 31日（1月）+ 28日（2月）+ 31日（3月）= 90日$

練習問題

次の取引の仕訳を示しなさい。ただし，勘定科目は次の中から最も正しいと思われるものを選ぶこと。

　　　現　　　金　　　当座預金　　　貸　付　金　　　手形貸付金
　　　借　入　金　　　手形借入金　　　受取利息　　　支払利息

① 北海道商店から360,000円の融資の申し入れを受け，借用証書と引き換えに，利息3,000円を差し引いた金額を現金で渡した。
② 取引先高知商店に対し，貸付金額150,000円，貸付期間6か月，年利4％の条件で借用証書にて融資していた資金について，本日満期日に利息とともに同店振出しの小切手で全額の返済を受けた。
③ 全経銀行より750,000円を借り入れ，同額の約束手形を振り出した。なお，利息9,000円を差し引かれ，手取金は当座預金とした。
④ 取引先青森商店へ200,000円を貸し付け，同額の同店振出当店宛の約束手形を受け取った。なお，貸付金は利息を差引き，残額は小切手を振り出して支払った。貸付期間は3か月で利率は年3％であった。

	借方科目	借方金額	貸方科目	貸方金額
①				
②				
③				
④				

解答・解説

	借方科目	借方金額	貸方科目	貸方金額
①	貸　付　金	360,000	受 取 利 息	3,000
			現　　　　金	357,000
②	現　　　　金	153,000	貸　付　金	150,000
			受 取 利 息	3,000
③	支 払 利 息	741,000	手形借入金	750,000
	現　　　　金	9,000		
④	手形貸付金	200,000	受 取 利 息	1,500
			現　　　　金	198,500

① 資金貸付時に利息を受け取るケース（先払い）の取引です。借用証書による資金貸付なので貸付金勘定を用います。

② 資金返済時に利息を受け取るケース（後払い）の取引です。
　利息額の計算：$150{,}000円 \times 4\% \times \dfrac{6か月}{12か月} = 3{,}000円$

③ 手形による資金借入なので手形借入金勘定を用います。

④ 手形による資金貸付なので手形貸付金勘定を用います。
　利息額の計算：$200{,}000円 \times 3\% \times \dfrac{3か月}{12か月} = 1{,}500円$

第8章

有価証券取引

ポイント

□ 有価証券取引とは

法律上の有価証券には小切手や手形も含まれますが,簿記上の有価証券とは,株式その他の出資証券,公社債,各種信託の受益証券などを指します。これらを時価の変動により利益を得ることを目的として購入したり,売却する場合には,売買目的有価証券(資産)という勘定科目を用いて仕訳します。

□ 株式・債券を売買したときの仕訳
　　□ 購入時

借　方	貸　方
売買目的有価証券　　　XX	現金・当座預金・未払金など　XX

　　↳ 取得原価＝購入代金＋購入手数料

□売却時

① 売却代金＞取得原価…売却益が発生するケース

借　方	貸　方
現金・当座預金・未収金など　XX	売買目的有価証券　　　　　XX
	有価証券売却益　　　　　　XX

② 売却代金＜取得原価…売却損が発生するケース

借　方	貸　方
現金・当座預金・未収金など　XX	売買目的有価証券　　　　　XX
有価証券売却損　　　　　　XX	

I 株式の売買取引

1 株式とは何か ●●●

　株式とは，株式会社が株主に対して発行する出資証券（株券）のことをいいます。株式会社へ出資した資金は会社が存続する限り払い戻されることはありませんが，株式市場を通じて売却すれば換金することができます。株式を売買する場合には，証券会社に口座を開設し，証券会社を通じて売買の注文と代金の決済を行います（図8-1）。

図表8-1　株式の売買の流れ

投資家（株主） → 買い注文（代金） → 証券会社 ← 売り注文（株券） ← 投資家（株主）
投資家（株主） ← 売買成立・決済（取引報告書・株券） ← 証券会社 → 売買成立・決済（取引報告書・代金） → 投資家（株主）

2 会計処理（仕訳）●●●

　株式を売買した時の会計処理は，その保有目的によって使用する勘定科目が異なります。時価の変動により利益を得ることを目的とした場合には**売買目的有価証券勘定**，支配・統制目的の場合には**子会社株式勘定**や**関連会社株式勘定**，それ以外の場合は**その他有価証券勘定**や**投資有価証券勘定**を用います。3級では売買目的有価証券を試験範囲としていますので，以下では売買目的有価証券を売買した時の会計処理を説明します。

(1) 買い入れた時

　株式を買い入れた時は，**売買目的有価証券勘定（資産）**の借方に取得原価で

仕訳するとともに，購入代金を**現金勘定**や**当座預金勘定**の貸方に仕訳します。取得原価には株式の購入価格だけでなく，証券会社に支払う売買手数料も含まれます。したがって，1株当たりの取得原価は売買手数料の分だけ1株当たりの購入価格と比べて高くなります。1株当たりの取得原価は，株式を売却した時の売却原価の基礎となりますので注意しましょう。

> 株式の取得原価＝1株当たりの購入価格×購入株数＋売買手数料
> 1株当たりの取得原価＝株式の取得原価÷購入株数

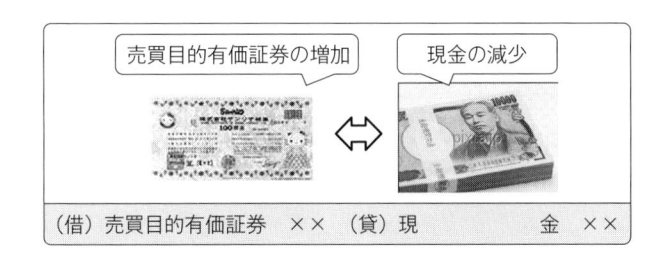

売買目的有価証券の増加　⇔　現金の減少

（借）売買目的有価証券　××　（貸）現　金　××

(2) 売却した時

株式を売却した時は，売却して得た金額（＝売却代金）を**現金勘定**や**当座預金勘定**などの借方に仕訳するとともに，**売買目的有価証券勘定（資産）**の貸方に売却原価で仕訳します。売却原価は先に説明した1株当たりの取得原価に基づいて計算します。売却原価は帳簿に記入された金額なので帳簿価額（簿価）ともいいます。

> 株式の売却代金＝1株当たりの売却価格×売却株数
> 株式の売却原価＝1株当たりの取得原価×売却株数

また，通常は売却代金と売却原価に差額が生じます。その差額は有価証券売却（運用）益勘定（収益）の貸方または有価証券売却（運用）損勘定（費用）の借方に仕訳します。なお，売買手数料を支払った場合には，支払手数料勘定（借方）に仕訳します。

売却代金＞売却原価→有価証券売却益（有価証券運用益）
売却代金＜売却原価→有価証券売却損（有価証券運用損）

売却益が生じた時の仕訳	売却損が生じた時の仕訳
現金の増加 ⇔ 売買目的有価証券の減少	現金の増加 ⇔ 売買目的有価証券の増加
（借）現　金　×× ／（貸）売買目的有価証券　×× 　　　　　　　　　　　有価証券売却益　××	（借）現　金　×× ／（貸）売買目的有価証券　×× 　　　　有価証券売却損　××

例題 8 - 1

次の一連の取引の仕訳を示しなさい。ただし，勘定科目は次の中から最も正しいと思われるものを選ぶこと。

現　　金　　当　座　預　金　　売買目的有価証券　　未　収　金
未　払　金　　有価証券売却益　　有価証券評価益　　有価証券売却損

① 当社は，北海道製菓株式会社の株式10株を 1 株53,000円で買い入れ，購入手数料10,000円とともに現金で支払った。

② 当社は，上記①で取得した北海道製菓株式会社の株式のうち 5 株を， 1 株につき56,000円で売却し，代金は小切手で受け取り，直ちに当座預金に預け入れた。なお，売却手数料はなかったと仮定する。

③ 当社は，上記①で取得した北海道製菓株式会社の株式のうち，残りの株式 5 株を， 1 株につき50,000円で売却し，代金は後日受け取ることにした。なお，売却手数料はなかったと仮定する。

解答

	借方科目	借方金額	貸方科目	貸方金額
①	売買目的有価証券	540,000	現　　　　金	540,000
②	当　座　預　金	280,000	売買目的有価証券	270,000
			有価証券売却益	10,000
③	未　収　金	250,000	売買目的有価証券	270,000
	有価証券売却損	20,000		

解説

① 取得原価＝53,000円×10株＋10,000円＝540,000円（10株で540,000円）
　→1株当たりの取得原価は<u>54,000円</u>になることに注意しましょう。

② 売却代金＝56,000円×5株＝280,000円
　売却原価＝<u>54,000円</u>×5株＝270,000円　∴売却益＝10,000円

③ 売却代金＝50,000円×5株＝250,000円
　売却原価＝<u>54,000円</u>×5株＝270,000円　∴売却損＝20,000円

　また，有価証券の売却代金を後日受け取る場合は，**未収金勘定（資産）**で仕訳します。有価証券の売買取引は主たる営業活動（仕入販売活動）の取引ではないので，**売掛金勘定（資産）**は使用しないよう注意しましょう。有価証券の売却代金は実際には4営業日後に決済されるため，「代金は後日受け取る」というような取引例が出てくる場合があるのです。

Ⅱ　債券の売買取引

1　債券とは何か ●●●

　債券とは資金調達を行う国や企業が多数の投資家から資金を借り入れる際に発行する借用証書のことです。債券には国が発行する国債証券や地方自治体が発行する地方債証券などの公債証券と株式会社が発行する社債券などがあり，

これらをまとめて**公社債**といいます。債券を発行する際にはあらかじめ返済の期日（＝償還期日）と利率が定められており，債券の購入者は定期的に利子を受け取り，償還期日には債券の額面金額が償還されます。また，償還期日を待たなくても債券市場を通じて市場価格で売却して換金することもできます。債券売買する場合には，証券会社や銀行等の金融機関を通じて売買の注文と代金の決済を行います。

2　会計処理（仕訳） ● ● ●

債券を売買した時の会計処理は，その保有目的によって使用する勘定科目が異なります。時価の変動により利益を得ることを目的とした場合には**売買目的有価証券勘定**，満期日まで保有して運用する目的の場合には**満期保有目的債券勘定（投資有価証券勘定）**を用います。3級では売買目的有価証券を試験範囲としていますので，以下ではこれを売買した時の会計処理を説明します。

(1) 買い入れた時

債券を買い入れた時は，株式を買い入れた時と同様に**売買目的有価証券勘定（資産）**の借方に取得原価で仕訳するとともに，購入代金を**現金勘定**や**当座預金勘定**の貸方に仕訳します。取得原価には債券の購入価格だけでなく，金融機関に支払う売買手数料も含まれます。なお，債券の購入単位は株式と異なり1株ではなく1口と数えますが，1口当たりの取得原価は株式と同様に売買手数料の分だけ1口当たりの購入価格と比べて高くなります。1口当たりの取得原価は，債券を売却した時の売却原価の基礎となりますので注意しましょう。

$$債券の取得原価 = 1口当たりの購入価格 \times 購入口数 + 売買手数料$$
$$または = 購入する債券の額面総額 \times \frac{1口当たりの購入価格}{100円} + 売買手数料$$
$$1口当たりの取得原価 = 債券の取得原価 \div 購入口数$$

(借)売買目的有価証券 ×× (貸)現　　　金 ××

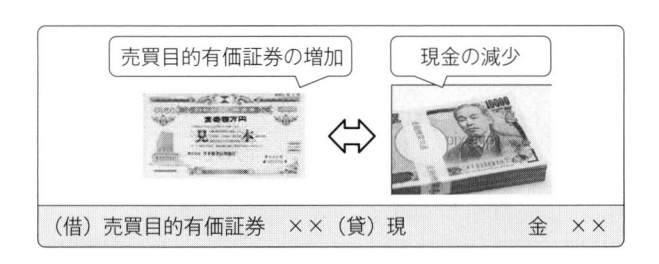

(2) 売却した時

　債券を売却した時は，売却して得た金額（＝売却代金）を**現金勘定**や**当座預金勘定**などの借方に仕訳するとともに，**売買目的有価証券勘定（資産）**の貸方に売却原価で仕訳します。売却原価は先に説明した1口当たりの取得原価に基づいて計算します。また，株式の場合と同様に，売却代金と売却原価に差額が生じますので，その差額は有価証券売却（運用）益勘定（収益）の貸方または有価証券売却（運用）損勘定（費用）の借方に仕訳します。

債券の売却代金＝1口当たりの売却価格×売却口数
　　または＝売却する債券の額面総額× $\dfrac{1口当たりの売却価格}{100円}$
債券の売却原価＝1口当たりの取得原価×売却口数

売却代金＞売却原価→有価証券売却益（有価証券運用益）
売却代金＜売却原価→有価証券売却損（有価証券運用損）

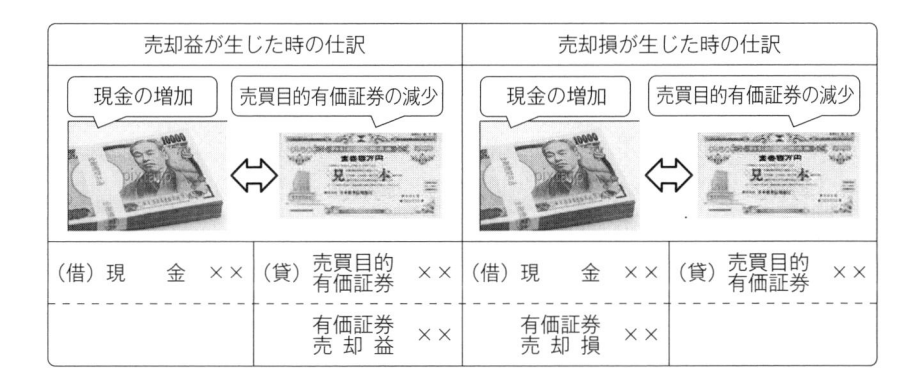

売却益が生じた時の仕訳		売却損が生じた時の仕訳	
(借)現　　金　××	(貸)売買目的有価証券　××	(借)現　　金　××	(貸)売買目的有価証券　××
	有価証券売却益　××	有価証券売却損　××	

Ⅱ　債券の売買取引

例題8-2

次の一連の取引の仕訳を示しなさい。ただし，勘定科目は次の中から最も正しいと思われるものを選ぶこと。

現　　金　　当座預金　　売買目的有価証券　　未　収　金
未　払　金　　有価証券売却益　　有価証券評価益　　有価証券売却損

① 当社は，額面総額5,000,000円の国債（50,000口分）を，額面100円につき97円で買い入れ，代金は証券会社に購入手数料50,000円とともに小切手を振り出して支払った。
② 当社は，上記①で取得した国債のうち額面総額2,000,000円（20,000口）の国債を，額面100円につき96円で売却し，代金は小切手で受け取った。なお，売却手数料はなかったものと仮定する。

解答

	借方科目	借方金額	貸方科目	貸方金額
①	売買目的有価証券	4,900,000	当　座　預　金	4,900,000
②	現　　　　金	1,920,000	売買目的有価証券	1,960,000
	有価証券売却損	40,000		

解説

① 取得原価 = 97円 × 50,000口 + 50,000円 = 4,900,000円

または $5,000,000円 \times \dfrac{97円}{100円} + 50,000円 = 4,900,000円$

→ 1口当たりの取得原価は4,900,000円÷50,000口で<u>98円</u>になります。

② 売却金額 = 96円 × 20,000口 = 1,920,000円

または $2,000,000円 \times \dfrac{96円}{100円} = 1,920,000円$

売却原価 = <u>98円</u> × 20,000口 = 1,960,000円

または $2,000,000円 \times \dfrac{98円}{100円} = 1,960,000円$　∴売却損 = 40,000円

練習問題

次の取引の仕訳を示しなさい。ただし，勘定科目は次の中から最も正しいと思われるものを選ぶこと。

現　　　金　　当座預金　　売買目的有価証券　　未　収　金
未　払　金　　有価証券売却益　　有価証券評価益　　有価証券売却損

① 当社は，愛知商事株式会社の株式50株を，1株57,000円で買い入れ，購入手数料50,000円とともに小切手を振り出して支払った。
② 当社は，上記①で取得した愛知商事株式会社の株式のうち40株を，1株につき60,000円で売却し，代金は後日受け取ることとした。なお，売却手数料はなかったものと仮定する。
③ 当社は，千葉鉄道株式会社が発行する額面総額1,000,000円の社債（10,000口）を，額面100円につき96円で買い入れ，購入手数料10,000円とともに代金は現金で支払った。
④ 当社は，上記③で取得した社債のうち額面総額400,000円（4,000口）の社債を，額面100円につき95円で売却し，代金は小切手で受け取った。なお，売却手数料はなかったものと仮定する。
⑤ 売買目的で当期に購入した全経鉄道株式会社の株式（帳簿価額750,000円）を780,000円で売却し，その代金は当座預金口座に振り込まれた。

	借方科目	借方金額	貸方科目	貸方金額
①				
②				
③				
④				
⑤				

解答・解説

	借方科目	借方金額	貸方科目	貸方金額
①	売買目的有価証券	2,900,000	当 座 預 金	2,900,000
②	未 収 金	2,400,000	売買目的有価証券	2,320,000
			有価証券売却益	80,000
③	売買目的有価証券	970,000	現 金	970,000
④	現 金	380,000	売買目的有価証券	388,000
	有価証券売却損	8,000		
⑤	当 座 預 金	780,000	売買目的有価証券	750,000
			有価証券売却益	30,000

① 取得原価＝57,000円×50株＋50,000円＝2,900,000円
　取得原価による単価は58,000円になることに注意しましょう。

② 売却金額＝60,000円×40株＝2,400,000円
　売却原価＝58,000円×40株＝2,320,000円　∴売却益＝80,000円

③ 取得原価＝1,000,000円×$\dfrac{96円}{100円}$＋10,000円＝970,000円
　取得原価による単価は100円につき97円になることに注意しましょう。

④ 売却金額＝400,000円×$\dfrac{95円}{100円}$＝380,000円
　売却原価＝400,000円×$\dfrac{97円}{100円}$＝388,000円　∴売却損＝8,000円

第9章 固定資産取引（取得と減価償却）

ポイント

- □ 固定資産とは**本業のために**，**長期間にわたって**，**使う**資産であり，「建物」・「車両運搬具」・「備品」・「土地」などを指す。

- □ 固定資産の取得
    固定資産を取得したときには，**取得時の諸経費を合算して取得原価**とする。

（借）車両運搬具など　×××　　（貸）現　金　な　ど　×××
諸経費込み

- □ 固定資産の使用による価値の減少を記録する手続きを減価償却という。

- □ 減価償却費の計算は毎期同額の価値が減少すると考える定額法による。

定額法による減価償却費＝（取得原価－残存価額）÷耐用年数

（借）減 価 償 却 費　×××　　（貸）建　物　な　ど　×××

- □ 年の途中から固定資産を使用した場合には，減価償却費を月割り計算する。

    $$減価償却費＝（取得原価－残存価額）÷耐用年数 \times \frac{使用月数}{12か月}$$

I 固定資産とは

　固定資産とは，①**本業のために**，②**長期間にわたって**，③**使う**資産であり，「建物」・「車両運搬具」・「備品」・「土地」などを指します（図表9-1）。たとえば，スーパーなどのような小売業において，店舗として使うために取得した「建物」，商品輸送用の「車両運搬具」は，①〜③の条件を満たしていますね。「備品」とは，事務処理用のコンピュータなどのオフィス機器，ソファーセットなどの応接セット，商品陳列棚などの什器の総称です。小売業を想定すると，「備品」も①〜③の条件を満たしていますね。また，「建物」がのっかっている「土地」も①〜③の条件を満たすことが容易に想像できます。

図表9-1

勘定科目	内容（小売業の場合）
建物	店舗や倉庫として使う建物
車両運搬具	商品輸送用の車両
備品	オフィス機器，応接セット，什器など
土地	店舗敷地・倉庫敷地

　逆にいうと，見た目は「建物」・「車両運搬具」・「備品」・「土地」であっても，①〜③の条件を満たさない時は，簿記上，別の勘定科目で処理しなければなりません。たとえば，他人に貸すためのビルについては「投資不動産」という勘定を使います（上級の範囲ですので参考までに）。ここでは，次のことをしっかり理解しておきましょう。

　　　固定資産：本業において長期期間使う資産

　もちろん，「建物」・「車両運搬具」・「備品」・「土地」はすべて資産のグループに属する勘定です。

Ⅱ　固定資産の取得

　固定資産を購入した場合には，固定資産そのものの代金だけでなく，固定資産を使用できる状態にするために必要となる**様々な諸費用を合算して処理**します。**購入の際に必要となった金額を取得原価**といいます。固定資産は，"使う"資産なのですから，使える状態になっていなければならないのです。

　たとえば，トラックの代金を自動車ディーラーに支払うだけでは，公道を走ることはできません。当局に登録料や税金を払ってはじめてナンバーの交付を受けることができ，ナンバーをつけてはじめて公道を走ることができるのです。公道を走ることができなければ商品の輸送はできませんから，公道を走ることができる＝"使える"ということなのです。

例題 9－1
　平成23年1月1日，商品配達のために利用する車両を480,000円で購入し，代金は現金で支払った。この車両の購入に際して自動車取得税などの各種諸費用20,000円を現金で支払った。

解答

　　　（借）車両運搬具　　500,000　　（貸）現　　　　金　　500,000

「車両運搬具」を購入したので，「車両運搬具」という資産が増加しますから借方に記入します。一方，「現金」を支払ったので，「現金」という資産が減少しますから貸方に記入します（図表9－2）。

　ここで「車両運搬具」の金額が500,000円になっていることに注目してください。"使える"状態にするのに必要となった各種諸費用も含めて「車両運搬具」という資産とします。

図表 9 - 2

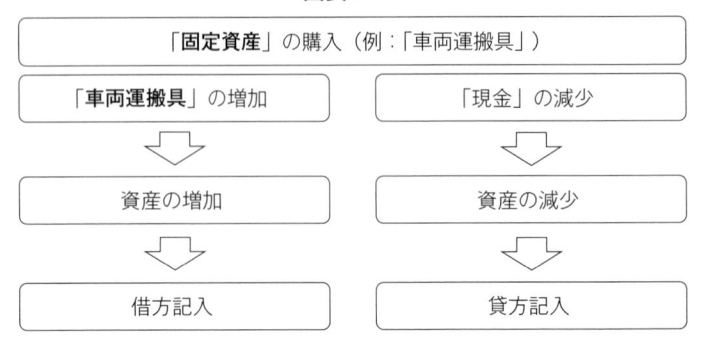

「固定資産」の購入（例：「車両運搬具」）

「車両運搬具」の増加 → 資産の増加 → 借方記入

「現金」の減少 → 資産の減少 → 貸方記入

Ⅲ　固定資産会計の考え方

　固定資産については購入後にもいくつかの処理が必要です。ただ，その考え方が少し難しいかもしれません。そこで，固定資産の購入後の処理について学習する前に，固定資産会計の考え方について理解しましょう。

例題 9 - 2

　A商店は第1期首に商品配達用の車両（2年間使用可能）を50万円で購入し，営業を始めた。B商店は上記車両と同一の車両を年間25万円でレンタルし，営業を始めた。各商店とも，売上は第1期・第2期とも100万円，仕入は第1期・第2期とも30万円であるとする。第1期におけるA社とB社の利益を求めなさい。

解答

　A社の利益：45万円　　B社の利益：45万円

　あまり会計の勉強をしたことがない場合，次のような計算（図表9-3）をしてしまいそうです。

図表9-3

	A社	第1期	第2期		B社	第1期	第2期
売	上	100万円	100万円	売	上	100万円	100万円
仕	入	30万円	30万円	仕	入	30万円	30万円
車両購入代金		50万円	0万円	車両レンタル		25万円	25万円
利	益	20万円	70万円	利	益	45万円	45万円

　それぞれの活動において必要となった金額を使って計算していますから，図表9-3の計算は，なんだか当たり前のような気がします。しかし，このような処理は認められません。それはなぜでしょうか？

　例題9-2を見ると分かるとおり，A商店もB商店も，第1期，第2期ともに同じ活動を行っています。つまり，第1期，第2期ともに，同じ車両を使い，同じだけの商品を仕入れ，同じだけの商品を販売しています。ですから，A社とB社が同じ活動をしている以上，同じような活動を行ったことが利益計算上でも明らかにされなければなりません。しかし，少なくとも図表9-3では，車両に関して，A社は購入したときに取得原価全額を費用とし，B社はレンタル料を払ったときにそのレンタル料を費用とするという，異なる処理がなされています。ですから，同じような活動が行われたかどうかが不明になってしまうのです。

　ここでは，車両が第1期および第2期を通じて使用されていることに注目します。A社は第1期首に50万円を支払って購入したのですが，すべてを第1期に使い切ってしまったわけではありません。第1期に使ったのは半分だけで，第2期に使える車両が残っています。それなのに，取得原価全額を第1期の費用とするのは適切なのでしょうか？

　そこで，利益計算を行う際には，取得原価を第1期と第2期に分割してあげるのです。つまり，第1期も第2期も50万円で購入した車両のうち**25万円分ずつ使ったと考える**のです。修正後の表を作成してみると次のようになります（図表9-4）。車両に関する部分が同じように表現されます。

Ⅲ　固定資産会計の考え方

図表9-4

A社	第1期	第2期		B社	第1期	第2期
売　　　　上	100万円	100万円		売　　　　上	100万円	100万円
仕　　　　入	30万円	30万円		仕　　　　入	30万円	30万円
~~車両購入代金~~	~~50万円~~	~~0万円~~		車両レンタル	25万円	25万円
車両**使用分**	25万円	25万円				
利　　　　益	~~20万円~~	~~70万円~~		利　　　　益	45万円	45万円
	45万円	45万円				

　A社は取得原価を第1期と第2期に分割しました。**分割された金額の25万円は，第1期および第2期において車両を使用した分**です。一方，レンタル料は使用する対価として支払う金額ですから，レンタル料はそのときの使用分を意味します。つまり，利益計算の際には取得原価を分割し使用分を表すことによって，レンタル料と同じことを意味するのです。

Ⅳ　固定資産の利用—減価償却費—

　固定資産を購入したときには，"使える"状態にするために必要となった金額を合算して資産の金額にしました。つまり，購入時には**"資産"として計上されるだけで，まだ費用にはなっていません**。そして，Ⅲでみたように，使った分を費用にすることによって適切な利益計算が行える，言い換えると，購入して使う場合も，レンタルして使う場合も同じ活動であることが表現されることが確認できました。簿記・会計では，**固定資産の取得原価のうち今年使用した分**を「**減価償却費**」といっています。

　では，所有している固定資産を使用するとどうなるでしょう？　当たり前ですが，使った分だけ固定資産はなくなります。

　もちろん，現実に固定資産の一部が消えてなくなることはありません。消えてなくなるのは固定資産の価値です。容易に想像できると思いますが，同じ車種であれば，通常，新車より中古車が安いですよね。それは新車の方が中古車よりも価値が高いからです。新車も中古車も見た目はほとんど同じですが，中

古車は新車より故障する可能性も高いですし，今後の走行可能距離も短いでしょう。車両を1年間使ったら1年分の価値が消えてなくなるわけです。そこで，固定資産について使ったことを表す「減価償却費」を計上すると同時に，固定資産が減少することを記録します。この手続きを**減価償却**といいます（図表9-5）。

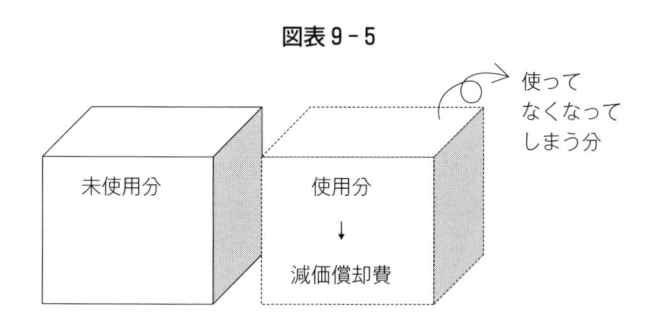

図表9-5

未使用分 ／ 使用分 → 減価償却費 ／ 使ってなくなってしまう分

例題9-3
平成23年12月31日，決算日を迎え，例題9-1で購入した車両について減価償却を行う。残存価額は取得原価の10％，耐用年数は3年とする。

解答

（借）減価償却費　　150,000　　（貸）車両運搬具　　150,000

減価償却は，毎日使うたびに行うわけではなく，**年に1回，1年間の使用分をまとめて決算日に計算**します。

さて，例題9-3では今年の使用分をいくらと計算すればいいでしょう？複数の計算方法がありますが，3級試験では定額法について出題されます。定額法とは，**毎年同じ金額分だけ使うと考える方法**です。つまり，単純に使用可能年数で割っていけばいいということですね。

ここでもう少し厳密に考えてみましょう。例題9-3の「車両運搬具」の取得原価は500,000円でしたから，購入に際して必要となった金額が500,000円だったということですね。耐用年数とは使用可能年数のことですから，例題9-

Ⅳ　固定資産の利用—減価償却費—

3の「車両運搬具」は3年間使えるものということです。さらに，問題文中には残存価額とあります。残存価額とは使用終了後の処分予想金額を意味します。つまり，3年後に50,000円（＝500,000円×10％）で売却できると考えます。

そうすると，当社がこの「車両運搬具」について"使う"金額はいくらになるでしょう？ 500,000円で購入したけれども，将来50,000円で売れるわけですから，"実質450,000円分だけを使う"ということになるわけです（図表9-6）。

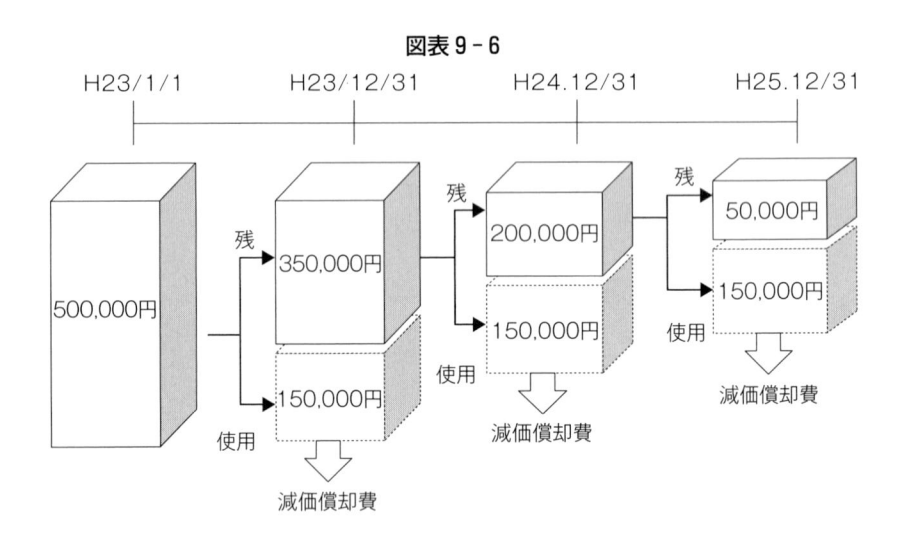

図表9-6

H23/1/1　　H23/12/31　　H24.12/31　　H25.12/31

500,000円　→　残 350,000円　→　残 200,000円　→　残 50,000円
　　　　　　　使用 150,000円　　　使用 150,000円　　　使用 150,000円
　　　　　　　減価償却費　　　　　減価償却費　　　　　減価償却費

減価償却の計算では，単に取得原価をベースにするのではなく，**"実質的に使う"金額をベースにする**のです。そして，定額法では**毎年同じ金額分だけ使う**と考えるわけですから，**"実質的に使う"金額を耐用年数で割って**いきます。もちろん，耐用年数終了後に残存価額が「0」と判断される場合もあります。実務上は，平成19年3月31日以前に取得された固定資産については残存価額を取得原価の10％として，平成19年4月1日以降に取得された固定資産については残存価額を0として計算します。

> 減価償却費の計算（定額法）
> **減価償却費＝(取得原価－残存価額)÷耐用年数**

例題9－3を当てはめて計算すると，次のとおりです。

> 減価償却費＝(500,000－50,000)÷3年＝150,000円

　減価償却の処理についてまとめましょう。減価償却は当期使用分を「減価償却費」という費用として計上すると同時に，使用によって固定資産が減少することを計上する手続きです（図表9－7）。なお，**貸方に減少した固定資産の勘定を使う仕訳方法を"直接法"**といいます。貸方に「減価償却累計額」という勘定と使う"間接法"という方法もありますが，2級の範囲となるため，ここでは省略します。

図表9－7

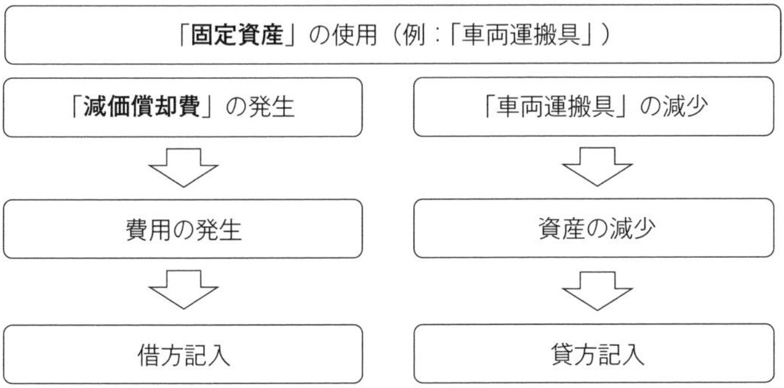

```
           「固定資産」の使用（例：「車両運搬具」）
           ┌──────────────┴──────────────┐
    「減価償却費」の発生              「車両運搬具」の減少
           ↓                                    ↓
        費用の発生                          資産の減少
           ↓                                    ↓
        借方記入                            貸方記入
```

　なお，例題9－3では「車両運搬具」を丸々1年使った場合の例で計算しました。もちろん，年の途中に購入して使うことだってあるでしょう。その場合には月割り計算を行います。

> **例題9－4**
> 　平成23年12月31日，決算日を迎えた。平成23年7月1日に500,000円で購入した車両について減価償却を行う。残存価額は取得原価の10％，耐用年数は3年とする。

Ⅳ　固定資産の利用―減価償却費―

解答

　　　　（借）減価償却費　　75,000　　　（貸）車両運搬具　　75,000
　　※減価償却費＝（500,000－50,000）÷3年×6か月/12か月＝75,000円

減価償却費を計算する際には，使用した月数分だけ計上して下さい。

V　固定資産と現金循環過程

最後に固定資産と第1章で説明された現金循環過程の関係について確認しておきましょう。

第1章で示された現金循環過程の図（図表1－1）に，固定資産を購入して使用したことと，賃借して使用したことを付け加えると次のようになります（図表9－8）。

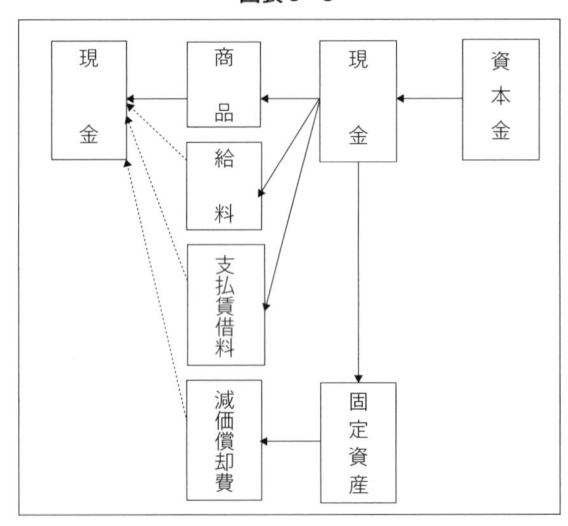

図表9－8

この図からも明らかなとおり，固定資産を購入して使用した場合の処理，賃

借して使用した場合の処理には，実質的な違いはありません。固定資産を購入した場合には，一度「現金」が固定資産に変化し，それが費用に変化するのに対して，固定資産を賃借した場合には「現金」が直接費用に変化しているだけです。仕訳で見ると，このことがさらに鮮明となります（50万円の建物を2年利用するとします）。

購入した場合

企業設立時	（借）現　　　金	500,000	（貸）資　本　金	500,000
固定資産購入時	（借）建　　　物	500,000	（貸）現　　　金	500,000
	（借）減価償却費	250,000	（貸）建　　　物	250,000
	（借）減価償却費	250,000	（貸）建　　　物	250,000

賃借した場合

企業設立時	（借）現　　　金	500,000	（貸）資　本　金	500,000
賃借契約時				
賃借料支払時	（借）支払賃借料	250,000	（貸）現　　　金	250,000
賃借料支払時	（借）支払賃借料	250,000	（貸）現　　　金	250,000

　最終的に，「減価償却費」あるいは「支払賃借料」を上回る価格で商品を販売することによって，「減価償却費」や「支払賃借料」相当額が現金として回収されることになります。

　このように，固定資産の処理だけに注目すると，「減価償却費」の計算など，ちょっと難しく感じる項目が出てくるのですが，それを現金循環過程の中で見てみると，「支払賃借料」や「給料」の支払いと同じ性質をもつ処理であることが分かります。

練習問題

次の取引の仕訳を示しなさい。ただし，勘定科目は次の中から最も正しいと思われるものを選ぶこと。

　　　　　固　定　資　産　　減価償却費　　車両運搬具　　諸　経　費
　　　　　土　　　　　地　　買　掛　金　　仕　　　　入　　購　入　費　用
　　　　　支　払　手　数　料　　当　座　預　金　　現　　　　金　　建　　　　物
　　　　　小　口　現　金　　備　　　　品　　未　払　金　　支払賃借料

① 平成23年1月1日，事務処理用コンピュータ290,000円を購入し，代金は送料など10,000円とともに現金で支払った。
② 平成23年12月31日，決算日となったので①で購入したコンピュータについて，定額法により減価償却を行う。なお，残存価額は取得原価の10%，耐用年数は3年であるとする。
③ 平成23年10月1日，商品運搬用のトラック750,000円を購入し，代金は小切手を振り出して支払った。なお，購入時の諸費用50,000円は現金で支払った。
④ 平成23年12月31日，決算日となったので③で購入したトラックについて定額法により減価償却を行う。なお，残存価額は0，耐用年数は5年であるとする。

	借方科目	借方金額	貸方科目	貸方金額
①				
②				
③				
④				

解答・解説

	借方科目	借方金額	貸方科目	貸方金額
①	備　　　　品	300,000	現　　　　金	300,000
②	減 価 償 却 費	90,000	備　　　　品	90,000
③	車 両 運 搬 具	800,000	当 座 預 金 現　　　　金	750,000 50,000
④	減 価 償 却 費	40,000	車 両 運 搬 具	40,000

① 購入時に必要となった諸費用も「備品」の金額に含めます。
② 減価償却費＝(300,000－30,000)÷3年＝90,000円
③ 購入時に必要となった諸費用も「車両運搬具」の金額に含めます。
④ 減価償却費＝(800,000－0)÷5年×3か月/12か月＝40,000円

第10章 その他の取引

ポイント

□ 内容や金額が不確定なときに現金等を受け払いしたとき
　□ 仮払金
　　勘定科目または金額が不確定な内容の支払いをした場合，後日その内容が判明するまで**仮払金勘定（資産）**を用いて仕訳しておきます。

取引内容	借　方	貸　方
仮払いしたとき	仮　払　金　××	現　金　な　ど　××
精算したとき	適　切　な　科　目　××	仮　払　金　××

　□ 仮受金
　　勘定科目または金額が不確定な内容の受取をした場合，後日その内容が判明するまで**仮受金勘定（負債）**を用いて仕訳しておきます。

取引内容	借　方	貸　方
仮受けしたとき	現　金　な　ど　××	仮　受　金　××
内容が判明したとき	仮　受　金　××	適　切　な　科　目　××

□ 金銭（現金や預金）を一時的に立替払いしたときや預かったとき
　□ 立替金
　　金銭を一時的に立替払いしたときは**立替金勘定（資産）**を用いて仕訳しておきます。内容特定のために**従業員立替金勘定（資産）**を使うこともあります。

取引内容	借　方	貸　方
立替払いしたとき	立　替　金　××	現　金　な　ど　××
立替金が戻されたとき	現　金　な　ど　××	立　替　金　××

□預り金
　金銭を一時的に預かったときは**預り金勘定（負債）**を用いて仕訳しておきます。内容特定のために**従業員預り金勘定（負債）**や**所得税預り金勘定（負債）**を使うこともあります。

取引内容	借　方	貸　方
預かったとき	現　金　な　ど　××	預　　り　　金　　××
預り金で支払ったとき	預　　り　　金　　××	現　金　な　ど　××

- その他個人商店固有の取引
  - 引出金

  店主が私用で店の資産を引き出したとき，後日その資産が戻されるまでは**引出金勘定（資本）**を用いて仕訳しておきます。

取引内容	借　方	貸　方
引き出したとき	引　　出　　金　　××	現　金　な　ど　××
戻されたとき	現　金　な　ど　××	引　　出　　金　　××

  - 個人商店にかかる税金

  事業活動などに伴って個人事業主に課税される税金のうち，費用として扱うことができる税金（印紙税・事業税・固定資産税）を納付したときは**租税公課勘定（費用）**で仕訳します。

取引内容	借　方	貸　方
税金を支払ったとき	租　税　公　課　××	現　金　な　ど　××

I 支払内容や金額の不確定な金銭の受け払い取引

1 仮払金 ●●●

(1) 取引の概要:仮払金とは何か

　事業活動に必要な財やサービスを調達する際,調達先に実際に行ってから購入する品目や数量を決めて現金で購入する場合があります。この場合,従業員等の調達担当者が個人的な資金で立て替えなくて済むように,あらかじめ必要と思われる概算額を店から出金しておくことがあります。また,従業員が出張に行く際に,現地で利用するタクシーなどの交通費等についても同様に扱うことがあります。このようにあらかじめ出金された概算額を**仮払金**といい,後日,使途が確定した段階で領収書等の証憑(証拠書類)に基づいて精算するのです。

(2) 仮払金の会計処理(仕訳)

　上記のように概算額を出金した場合,出金額を**現金勘定**などの貸方に仕訳するとともに,**仮払金勘定(資産)** の借方に仕訳をしておきます。仮払金勘定は支払内容や金額が未確定な場合の支払額について,それが精算後確定するまでの一時的な勘定科目として使用するものです。もし概算額を使わなかった場合は現金が戻されることになりますので,その請求権を表す金銭債権(資産)として処理するのです。この勘定科目は決算時までその内容を確定させることが望ましく,決算の際に調査して適当な勘定科目に振り替えることになります。

取引内容	借　方	貸　方
概算額を出金したとき	仮　払　金　××	現金など　××
精算時:概算額が不足のとき	適切な科目　××	仮　払　金　××
		現　　　金　××
精算時:概算額が過剰のとき	適切な科目　××	仮　払　金　××
	現　　　金　××	

2　仮受金 ●●●

(1)　取引の概要：仮受金とは何か

　事業活動中には取引先や従業員から，店の銀行口座に様々な代金の入金が行われます。この入金した事実に対して一つ一つ入金内容を確認し，適切に仕訳処理を行います。この入金内容について当日中に確認できない場合があります。この場合は入金した事実があるにもかかわらず，適切に仕訳処理を行うことができません。このように入金内容の不確定な受取額を仮受金といいます。

(2)　仮受金の会計処理（仕訳）

　上記のように入金内容の不確定な金額を入金した場合，入金額を**当座預金勘定**などの借方に仕訳するとともに，**仮受金勘定（負債）** の借方に仕訳をしておきます。仮受金勘定は入金内容が未確定な場合の受取額について，それが確定するまでの一時的な勘定科目として使用するものです。この勘定科目は決算時までその内容を確定させることが望ましく，決算の際に調査して適当な勘定科目に振り替えることになります。

取引内容	借　方	貸　方
不明な内容の入金があったとき	当座預金など ××	仮　受　金 ××
内容が判明したとき	仮　受　金 ××	適切な科目 ××

例題10-1

　次の取引の仕訳を示しなさい。ただし，勘定科目は次の中から最も正しいと思われるものを選ぶこと。

　　現　　金　　当座預金　　売　掛　金　　仮　払　金
　　買　掛　金　　仮　受　金　　給　　料　　旅費交通費

① 従業員の出張のための旅費交通費概算額として現金50,000円を前渡しした。
② 上記の従業員が出張から戻り，出張費を精算したところ，旅費交通費は58,000円との報告を受け，不足額を現金で支払った。

③ 得意先栃木商店から当店の当座預金口座に10,000円の入金があったが，内容が不明である。
④ 上記の入金内容は栃木商店に対する売掛金の回収分と判明した。

解答

	借方科目	借方金額	貸方科目	貸方金額
①	仮 払 金	50,000	現 金	50,000
②	旅 費 交 通 費	58,000	仮 払 金	50,000
			現 金	8,000
③	当 座 預 金	10,000	仮 受 金	10,000
④	仮 受 金	10,000	売 掛 金	10,000

Ⅱ 取引相手が負担すべき金銭の受け払い取引

1 立替金 ●●●

(1) 取引の概要：立替金とは何か

事業活動に伴って発生する費用のうち，取引相手が負担すべき費用を一時的に立て替えて金銭を支払うことがあります。これを立替金といい，後日請求して返済してもらうことになります。取引事例としては商品販売時に買い主負担の送料を売り主が立て替え払いしたケースや従業員が負担すべき支払いを店が立て替え払いしたケースなどがあります。

(2) 立替金の会計処理（仕訳）
① 買い主負担の送料を立て替え払いしたとき

売り主負担の送料は**発送費勘定（費用）**で仕訳しますが，買い主負担の送料は店の費用として処理することはできず，後日請求して回収することになりま

す。したがって，立て替えた金額を金銭債権として**立替金勘定（資産）**または売掛金勘定の借方に仕訳するとともに，**現金勘定**などの貸方に仕訳します。後日，立て替えた金額を回収したときは現金勘定の借方と立替金勘定の貸方に仕訳します。

取引内容	借　方	貸　方
送料を立て替えたとき	売　掛　金　×× 立　替　金　××	売　　　　上　×× 現金　な　ど　××
立替金が戻されたとき	現金　な　ど　××	立　替　金　××

② 従業員負担の支払いを立て替え払いしたとき

従業員が個人負担すべき支払いも同様に，店の費用などとして処理することはできず，後日請求して回収するか，給料から差し引いて（＝天引きという）回収することになります。したがって，立て替えた金額を金銭債権として**立替金勘定（資産）**または**従業員立替金勘定（資産）**の借方に仕訳するとともに，**現金勘定**などの貸方に仕訳します。後日，立て替えた金額を回収したときは，立替金勘定または従業員立替金勘定の貸方に仕訳します。

取引内容	借　方	貸　方
立替払いしたとき	従業員立替金　××	現金　な　ど　××
給料から天引きして立替金を回収したとき	給　　　　料　××	従業員立替金　×× 現金　な　ど　××

2　預り金　●●●

(1) 取引の概要：預り金とは何か

従業員や役員，取引先などから一時的に預かっている金銭を**預り金**といいます。預り金は，後日，預かった者または第三者に返金や支払いをする必要があるので，負債の性質があります。取引事例としては給料支給時に源泉徴収される所得税や社会保険料，従業員から預かる旅行積立などが預り金に相当します。

(2) 預り金の会計処理（仕訳）

　給料から源泉徴収（天引き）される所得税は，給与支給日に源泉徴収義務者である給与支払者が従業員から所得税を徴収し，翌月10日に代わりに納付する仕組みになっています。したがって，従業員から預かった所得税分の金銭は，給与支給日から納付日までの間，店が預かっていることになり，これを**預り金勘定**または**所得税預り金勘定（負債）**の貸方に仕訳します。後日，所得税を納付したときは，預り金勘定または所得税預り金勘定の借方に仕訳します。従業員の旅行積立の場合は**預り金勘定**または**従業員預り金勘定（負債）**を使います。

取引内容	借　方	貸　方
給料を支払い，所得税を源泉徴収したとき	給　　料　××	所得税預り金　×× 現　金　な　ど　××
源泉所得税納付時	所得税預り金　××	現　金　な　ど　××

例題10-2

　次の取引の仕訳を示しなさい。ただし，勘定科目は次の中から最も正しいと思われるものを選ぶこと。

　　現　　　金　　当座預金　　仮　払　金　　従業員立替金
　　仮　受　金　　所得税預り金　　給　　　料　　旅費交通費

① 給料200,000円の支給に際し，源泉所得税9,000円と従業員立替金12,000円を差し引いた残額を現金で支払った。
② 従業員の給料から差し引いておいた所得税9,000円を現金で納付した。

解答

	借方科目	借方金額	貸方科目	貸方金額
①	給　　　料	200,000	所得税預り金	9,000
			従業員立替金	12,000
			現　　　金	179,000
②	所得税預り金	9,000	現　　　金	9,000

Ⅲ　その他個人商店固有の取引

1　引出金 ●●●

(1) 資本取引とは何か

　資本取引とは，資本（純資産）が増減する内容の取引をいい，次のケースがあります。

資本が増加する場合	出資（元入れ）したとき 当期純利益が出たとき
資本が減少する場合	店主が私用で店の資産を使ったとき 当期純損失が出たとき

(2) 引出金の会計処理

　このうち，店主が店の資産を私用で使った場合，どのように仕訳すればよいのでしょうか。店の資産を使ったことについて資産の減少を記録しますので，該当する資産の勘定科目の貸方に記入します。では借方は資産が減少した原因を記録することになるので，考えられる取引の組み合わせは資産の増加，負債の減少，資本（純資産）の減少，費用の発生のいずれかです。私用による資産の減少なので，その原因は資産の増加，負債の減少，費用の発生のいずれでもなく，資本（純資産）の減少となります。資本（純資産）の勘定科目は**資本金勘定**ですから，資本金勘定の借方に記録します。このとき，資本金勘定に借記する代わりに**引出金勘定（資本）**を用いて記録することもできます。資本金勘定は元入れした金額を示す勘定科目ですから，引出金勘定を使うことで，元入れした金額を維持したまま，私用で使った金額を記録できます。この私用で使った金額は店の資産に戻すことが望ましく，戻された場合は引出金勘定に貸記しますが，決算日まで戻されない場合は，引出金勘定から資本金勘定に振り替えます。

	資本金勘定で処理する場合	引出金勘定で処理する場合
店の資産を私用で使ったとき	（借）資本金　××　（貸）現金など　××	（借）引出金　××　（貸）現金など　××
店の資産を戻したとき	（借）現金など　××　（貸）資本金　××	（借）現金など　××　（貸）引出金　××
店の資産を決算まで戻さないとき	仕訳不要	（借）資本金　××　（貸）引出金　××

例題10-3

次の取引の仕訳を示しなさい。ただし，勘定科目は次の中から最も正しいと思われるものを選ぶこと。なお，資本の引き出しについては引出金勘定を用いること。

　　　現　　金　　当座預金　　立替金　　預　り　金
　　　引　出　金　　資　本　金　　保険料　　光　熱　費

① 店主は，個人負担の生命保険料100,000円を支払うのに，店の現金で支払った。
② 店主は，上記①の現金を店のレジに戻した。
③ 店主は，電気代20,000円を現金で支払った。なお，電気代のうち60％が店舗用で，40％が家計用であることが判明した。
④ 決算に際し，上記③の引出金を整理した（資本金勘定に振り替えた）。

解答

	借方科目	借方金額	貸方科目	貸方金額
①	引　　出　　金	100,000	現　　　　　金	100,000
②	現　　　　　金	100,000	引　　出　　金	100,000
③	光　　熱　　費	12,000	現　　　　　金	20,000
	引　　出　　金	8,000		
④	資　　本　　金	8,000	引　　出　　金	8,000

2　個人事業主の税金　●●●

個人事業主が事業活動などに伴い課税される税金には次のようなものがある。
① 国　税：所得税・印紙税→印紙税は費用処理可
② 地方税：住民税・事業税・固定資産税→事業税・固定資産税は費用処理可

費用で処理できる税金を支払った場合	（借）租税公課　××　（貸）現金など　××
費用で処理できない個人負担の税金を店の資産で支払った場合	（借）引出金か資本金　××　（貸）現金など　××

例題10-4

次の取引の仕訳を示しなさい。ただし，勘定科目は次の中から最も正しいと思われるものを選ぶこと。なお，資本の引き出しについては引出金勘定を用いること。

　　現　　金　　当座預金　　立替金　　預り金
　　引出金　　資本金　　保険料　　光熱費

① 領収書貼付用の収入印紙10,000円分を購入し，代金は現金で支払った。
② 本年度の固定資産税・都市計画税300,000円の納付通知書が届き，本日小切手を振り出して支払った。
③ 本年度の所得税200,000円および住民税180,000円を店の現金で納付した。

解答

	借方科目	借方金額	貸方科目	貸方金額
①	租 税 公 課	10,000	現　　　金	10,000
②	租 税 公 課	300,000	当 座 預 金	300,000
③	引　出　金	380,000	現　　　金	380,000

練習問題

次の取引の仕訳を示しなさい。ただし，勘定科目は次の中から最も正しいと思われるものを選ぶこと。なお，資本の引き出しについては引出金勘定を用いること。

　　現　　　金　　当座預金　　仮　払　金　　従業員立替金
　　仮　受　金　　所得税預り金　引　出　金　　資　本　金
　　給　　　料　　旅　　　費　　通　信　費　　租税公課

① 給料600,000円の支給に際し，源泉所得税60,000円を差し引いた残額を現金で支払った。
② 出張中の従業員から当座預金口座に76,000円の振り込みがあったが，その内容は不明である。
③ 出張中の従業員が戻り，仮払金100,000円について，次のように精算し，残金を戻し入れた。旅費：88,000円，通信費：7,000円
④ 店主は，電話代（通信費）10,000円を現金で支払った。なお，電話代のうち60％が店舗用で，40％が家計用であることが判明した。
⑤ 契約書に貼付する収入印紙50,000円を購入し，代金は現金で支払った。
⑥ 本年度の所得税500,000円を店の現金で納付した。

	借方科目	借方金額	貸方科目	貸方金額
①				
②				
③				
④				
⑤				
⑥				

解答・解説

	借方科目	借方金額	貸方科目	貸方金額
①	給　　　　料	600,000	所得税預り金 現　　　　金	60,000 540,000
②	当 座 預 金	76,000	仮 　受　 金	76,000
③	旅　　　　費 通 　信 　費 現　　　　金	88,000 7,000 5,000	仮 　払 　金	100,000
④	通 　信 　費 引 　出 　金	6,000 4,000	現　　　　金	10,000
⑤	租 税 公 課	50,000	現　　　　金	50,000
⑥	引 　出 　金	500,000	現　　　　金	500,000

① 源泉所得税は所得税預り金勘定で処理します。
② 内容不明で受け取った金額は内容が判明するまで仮受金勘定で処理します。
③ 仮払金は金額と内容が確定したら精算して適当な勘定科目に振り替えます。
④ 私用の電話代（通信費）は店の費用ではないので，引出金勘定で処理します。
⑤ 収入印紙は印紙税という費用で処理できる税金です。
⑥ 所得税は費用で処理できない個人負担の税金なので，店の現金で納付した場合には引出金勘定で処理します。

第11章

精算表・損益計算書および貸借対照表（決算整理）

ポイント

□ 決算整理とは…

　決算に際し，企業の正しい経営成績（損益計算書）と財政状態（貸借対照表）を作成するため，期中の取引が記録されている総勘定元帳の各勘定残高に一定の修正を加える手続きのことを決算整理といいます。

□ 決算整理事項とは…

　決算整理を行う項目を**決算整理事項**といい，その事項により行われる仕訳を**決算整理仕訳**といいます。3級では，次の5つの決算整理事項が学習範囲です。

取引内容	借　方	貸　方
① 現金過不足の修正	適当な科目又は雑損 ×× 現 金 過 不 足 ××	現 金 過 不 足 ×× 適当な科目又は雑益 ××
② 売上原価の算定	仕　　　　　入 ×× 繰 越 商 品 ××	繰 越 商 品 ×× 仕　　　　　入 ××
③ 貸倒引当金の設定	貸倒引当金繰入 ××	貸 倒 引 当 金 ××
④ 減価償却費の計上	減 価 償 却 費 ××	建物や備品など ××
⑤ 引出金の整理	資　　本　　金 ××	引　　出　　金 ××

□ 精算表とは…

　精算表（worksheet）は，残高試算表から損益計算書と貸借対照表を作成するまでの準備として作成されるものです。別名，決算一覧表とも呼ばれ，財務諸表（損益計算書・貸借対照表）作成までの決算手続がスムーズに進むよう役立てられます。以下の精算表は8桁精算表といい，最も基本的なものです。

精　算　表

勘定科目	残高試算表		整理記入		損益計算書		貸借対照表	
	借方	貸方	借方	貸方	借方	貸方	借方	貸方

□　損益計算書と貸借対照表のひな型…

損益計算書

○○商店　　平成XX年1月1日から平成XX年12月31日まで　　（単位：円）

費用	金額	収益	金額
売上原価	(　　　)	売上高	(　　　)
給料	(　　　)	受取手数料	(　　　)
（中略）	(　　　)	（中略）	(　　　)
当期純利益	(　　　)		
	(　　　)		(　　　)

（精算表との相違点）
1. 仕入(売上原価を意味する)は「**売上原価**」と表記します。
2. 売上は「**売上高**」と表記します。

貸借対照表

○○商店　　　　　平成XX年12月31日現在

資産	金額	負債および純資産	金額
現金	(　　　)	買掛金	(　　　)
売掛金	(　　　)	借入金	(　　　)
貸倒引当金	(　　)(　　)	資本金	(　　　)
有価証券	(　　　)	当期純利益	(　　　)
商品	(　　　)		
備品	(　　　)		
	(　　　)		(　　　)

〔精算表との相違点〕
1. 貸倒引当金は貸方ではなく売掛金から控除する形式で借方に記入します。
2. 売買目的有価証券は「**有価証券**」と表記します。
3. 繰越商品は「**商品**」と表記します。

Ⅰ 決算整理仕訳

1 現金過不足の決算整理 ●●●

　現金過不足勘定は資産，負債，資本，収益，費用のいずれにも属さない経過的な勘定科目ですから，決算日になっても現金過不足の原因が判明しない場合には，決算日には貸借対照表・損益計算書を作成する都合上，何らかの勘定科目に振り替える必要があります。そこで，原因が判明しない場合には次のように処理を行います。

借　　方	貸　　方
雑　　　　損　××	現 金 過 不 足　××
現 金 過 不 足　××	雑　　　　益　××

例題11-1

　次の決算整理仕訳を示しなさい。ただし，勘定科目は次の中から最も正しいと思われるものを選ぶこと。また，精算表（一部）を完成しなさい。
　　　　現金過不足　売掛金　雑益　雑損
① 現金過不足勘定の借方残高10,000円について決算手続中に再調査したが，その原因は判明しなかったため，残高を雑損勘定に振り替えた。
② 現金過不足勘定の貸方残高10,000円について，決算手続中に再調査したところ，6,000円は売掛金回収の記帳漏れであることが判明したが，残りは原因が判明しなかったため，残高を雑益勘定に振り替えた。

解答

	借方科目	借方金額	貸方科目	貸方金額
①	雑　　　損	10,000	現金過不足	10,000
②	現金過不足	10,000	売　掛　金 雑　　　益	6,000 4,000

①

勘定科目	残高試算表		整理記入		損益計算書		貸借対照表	
	借方	貸方	借方	貸方	借方	貸方	借方	貸方
現金過不足	10,000			10,000				
雑　　損			10,000		10,000			

②

勘定科目	残高試算表		整理記入		損益計算書		貸借対照表	
	借方	貸方	借方	貸方	借方	貸方	借方	貸方
現金過不足		10,000	10,000					
売　掛　金	96,000			6,000			90,000	
雑　　益				4,000		4,000		

2　売上原価の算定　●●●

　商品売買取引を三分法で記録している場合，繰越商品勘定と仕入勘定と売上勘定を使用しますが，それぞれの決算整理前残高試算表における残高は次のような内容を示すことになります。

勘定科目	残高の示す内容
繰越商品	前期より繰り越されてきた商品の残高（＝期首商品棚卸高）
仕　　入	当期の仕入れた商品の金額（＝当期商品純仕入高）
売　　上	当期，販売した商品の売上金額（＝当期純売上高）

したがって，これらの残高は，損益計算書に記載する売上原価（＝当期販売した商品の原価）や，貸借対照表に記載する商品の残高（＝期末商品棚卸高）を示していませんので，決算整理が必要となるのです。

期末商品棚卸高は商品有高帳や実地棚卸によって把握され，売上原価は次の算式で求められます。

売上原価＝期首商品棚卸高＋当期商品仕入高－期末商品棚卸高

売上原価を算定するための仕訳を表現すると次のようになります。

	借 方	貸 方
期首商品棚卸高	仕 入 ××	繰 越 商 品 ××
期末商品棚卸高	繰 越 商 品 ××	仕 入 ××

例題11-2

決算整理前残高試算表の一部と決算整理事項に基づき，決算整理仕訳を行いなさい。また，精算表（一部）を完成しなさい。

〈資料〉

決算整理前残高試算表（一部）
平成X2年12月31日　（単位：円）

借 方	元丁	勘定科目	貸 方
20,000	3	繰越商品	
	51	売 上	72,000
80,000	71	仕 入	

〈決算整理事項〉

1．期末商品棚卸高：40,000円

解答

借方科目	借方金額	貸方科目	貸方金額
仕　　　　入	20,000	繰　越　商　品	20,000
繰　越　商　品	40,000	仕　　　　入	40,000

勘定科目	残高試算表		整理記入		損益計算書		貸借対照表	
	借方	貸方	借方	貸方	借方	貸方	借方	貸方
繰 越 商 品	20,000		40,000	20,000			40,000	
仕　　　　入	80,000		20,000	40,000	60,000			

解説

売上原価＝期首商品棚卸高（残高試算表の繰越商品勘定残高）＋当期商品仕入高（原則として残高試算表の仕入勘定残高）－期末商品棚卸高（決算整理事項の金額）……売上原価＝20,000円＋80,000円－40,000円＝60,000円

※常にこの算式を下図のように図示して売上原価を算定しましょう。

期首商品棚卸高 20,000円	売上原価 60,000円	→損益計算書に記載
当期商品仕入高 80,000円	期末商品棚卸高 40,000円	→貸借対照表に記載

3　貸倒引当金の設定　●●●

　決算時に，売上債権の期末残高について貸倒れが見込まれる場合には，その予想見積額を設定しますが，その見積額を貸倒引当金といい，当期の費用として処理します。見積額の計算方法は次のとおりです。

> 貸倒見積額＝（受取手形の期末残高＋売掛金の期末残高）×貸倒実績率

　また，この見積額を仕訳で表現する場合，以下のようになります。実際に貸倒れが発生したわけではないので，貸倒損失勘定の代わりに貸倒引当金繰入勘定（費用）に借記し，売掛金勘定の代わりに貸倒引当金勘定（資産のマイナス

を意味する評価勘定）に貸記します。

借　方	貸　方
貸倒引当金繰入　××	貸倒引当金　××

なお，貸倒見積額の計算は期末の売上債権残高に対して行いますので，前期末に設定した貸倒引当金の残高があるかどうかに関係ありませんが，当期の費用とする金額（＝貸倒引当金繰入）の計算については，差額補充法（差額調整法）で処理します。

例題11-3
次の決算整理事項について決算整理仕訳を示しなさい。また，精算表（一部）を完成しなさい。なお，貸倒見積額の計算過程を明示すること。
〈決算整理事項〉
1．期末の売掛金勘定の残高は800,000円であり，このうち3％は将来回収不能になると見込まれるので，貸倒引当金を差額補充法により設定する。なお，貸倒引当金の残高が10,000円ある。

解答

借方科目	借方金額	貸方科目	貸方金額
貸倒引当金繰入	14,000	貸倒引当金	14,000

計算過程：見積額＝800,000円×3％＝24,000円
　　　　　繰入額＝24,000円−10,000円＝14,000円

勘定科目	残高試算表		修正(整理)記入		損益計算書		貸借対照表	
	借方	貸方	借方	貸方	借方	貸方	借方	貸方
売　掛　金	800,000						800,000	×3％
貸倒引当金		10,000		14,000				24,000
貸倒引当金繰入			14,000		14,000			

4　減価償却費の計上　●●●

　建物・備品・車両運搬具など，使用するために保有している有形の固定資産（土地を除く）は，時の経過あるいは使用過程で，徐々にその価値が減少します。この価値の減少を**減価**といい，決算において，その価値の減少を費用として計上する手続きを**減価償却**といいます。また，計上された費用を**減価償却費**といいます。

　減価償却費の計算方法には定額法・定率法・級数法・生産高比例法などいくつかの方法がありますが，3級では定額法のみ説明します。定額法とは，毎期一定金額ずつ減価償却していくとみなす計算方法で，算式は次のとおりです。

> **1年間の減価償却費＝（取得原価－残存価額）÷耐用年数**

　◎残存価額…耐用年数経過後の有形固定資産の処分予想価額
　◎耐用年数…有形固定資産の使用可能年数

　減価償却費の仕訳の方法には直接法と間接法の2通りがありますが，以下では3級の試験範囲の直接法だけ説明します。直接法では，計算した当期の減価償却費の金額を**減価償却費勘定（費用）**に借記するとともに，建物勘定や備品勘定などの有形固定資産勘定（資産）を直接減額するように貸記します。この場合，建物勘定や備品勘定の貸借対照表に記載される残高は未償却残高を意味します。

借　方	貸　方
減 価 償 却 費　××	建物・備品など　××

例題11-4

　次の決算整理事項について決算整理仕訳を示しなさい。また，精算表（一部）を完成しなさい。なお，減価償却費の計算過程を明示すること。
〈決算整理事項〉
1．減価償却費を計上する。備品の取得原価は800,000円，残存価額は取得原価の10％，耐用年数は4年である。直接法によること。

解答

借方科目	借方金額	貸方科目	貸方金額
減 価 償 却 費	180,000	備　　　品	180,000

計算過程：(800,000円 − 800,000円 × 10%) ÷ 4 年 = 180,000円
　　　　　※800,000円 × 0.9 ÷ 4 年も可

勘定科目	残高試算表		修正(整理)記入		損益計算書		貸借対照表	
	借方	貸方	借方	貸方	借方	貸方	借方	貸方
備　　　品	800,000			180,000			▶620,000	
減価償却費			180,000		▶180,000			

5　引出金の整理 ●●●

　私用で店の資産を使うことを資本金の引出し（＝資本金の減少を意味する）といい，引出金勘定で処理します。引出金が決算日までに戻されない場合には資本金を減少させます。これを引出金の整理といいます。

借　　方	貸　　方
資　本　金　××	引　出　金　××

例題11-5

　次の決算整理事項について決算整理仕訳を示しなさい。また，精算表（一部）を完成しなさい。

〈決算整理事項〉
1．引出金20,000円（借方残高）を整理した。

解答

借方科目	借方金額	貸方科目	貸方金額
資　本　金	20,000	引　出　金	20,000

勘定科目	残高試算表		修正(整理)記入		損益計算書		貸借対照表	
	借方	貸方	借方	貸方	借方	貸方	借方	貸方
資本金		500,000	20,000					480,000
引出金	20,000			20,000				

解説
　引出金の整理：引出金は必ず0円にしましょう。0円は貸借対照表には記入しません。

Ⅱ　精算表とB/S・P/L

例題11-6
　次の決算整理事項に基づいて精算表を完成させなさい。会計期間は1/1-12/31である。
〈決算整理事項〉
① 　期末商品棚卸高：15,000円
② 　貸倒引当金を差額補充法により，売掛金残高の5％を設定する。
③ 　車両について，定額法により減価償却を行う。なお，取得原価は33,000円，残存価額は取得原価の10％，耐用年数は6年とする。
④ 　引出金を整理する。

精 算 表

(単位：円)

勘定科目	残高試算表 借方	残高試算表 貸方	修正(整理)記入 借方	修正(整理)記入 貸方	損益計算書 借方	損益計算書 貸方	貸借対照表 借方	貸借対照表 貸方
現 金	5,000						5,000	
売 掛 金	30,000						30,000	
貸 倒 引 当 金		300		1,200				1,500
有 価 証 券	8,000						8,000	
繰 越 商 品	12,000		15,000	12,000			15,000	
車 両	23,100			4,950			18,150	
買 掛 金		20,000						20,000
借 入 金		12,000						12,000
資 本 金		50,000	12,500					37,500
引 出 金	12,500			12,500				
売 上		100,000				100,000		
受 取 家 賃		2,400				2,400		
仕 入	76,100		12,000	15,000	73,100			
保 険 料	12,000				12,000			
通 信 費	6,000				6,000			
	184,700	184,700						
貸倒引当金繰入			1,200		1,200			
減 価 償 却 費			4,950		4,950			
当 期 純 利 益					5,150			5,150
			45,650	45,650	102,400	102,400	76,150	76,150

練習問題

熊本商店（会計期間は平成X3年1月1日～12月31日）の元帳勘定残高と次の決算整理事項によって損益計算書と貸借対照表を完成しなさい。

元帳勘定残高（単位：円）

現	金	124,000	売 掛 金	308,000	貸倒引当金	3,600
繰 越 商 品	144,000	売買目的有価証券	120,000	備 品	168,000
土	地	734,400	買 掛 金	220,000	資 本 金	960,000
売	上	1,400,000	受 取 地 代	28,800	受取配当金	6,000
仕	入	784,000	給 料	72,000	支 払 家 賃	20,000
保 険 料	144,000				

決算整理事項
1. 期末商品棚卸高　120,000円
2. 貸倒引当金　売掛金残高の2％の貸倒れを見積もる。差額補充法によること。
3. 備品減価償却　定額法により減価償却費の計算を行い，直接法により記帳している。
   なお，取得原価は240,000円，耐用年数は5年，残存価額はゼロである。

損益計算書

熊本商店　　　平成X3年1月1日から平成X3年12月31日まで　　　（単位：円）

費用	金額	収益	金額
売 上 原 価	(　　　　)	売　　上　　高	(　　　　)
給　　　　料	(　　　　)	受 取 地 代	(　　　　)
支 払 家 賃	(　　　　)	受 取 配 当 金	(　　　　)
保　険　料	(　　　　)		
貸倒引当金繰入	(　　　　)		
減 価 償 却 費	(　　　　)		(　　　　)
当 期 純 利 益	(　　　　)		
	(　　　　)		(　　　　)

貸借対照表

熊本商店　　　平成X3年12月31日現在　　　（単位：円）

資産	金額	負債および純資産	金額
現　　　　金	(　　　　)	買　　掛　　金	(　　　　)
売　掛　金	(　　　　)	借　　入　　金	(　　　　)
貸 倒 引 当 金	(　　) (　　　)	(　　　　　　)	(　　　　)
有 価 証 券	(　　　　)		
商　　　　品	(　　　　)		
備　　　　品	(　　　　)		
土　　　　地	(　　　　)		
	(　　　　)		(　　　　)

解答・解説

【解答】

損益計算書

熊本商店　　平成X3年1月1日から平成X3年12月31日まで　　（単位：円）

費　用	金　額	収　益	金　額
売 上 原 価	(808,000)	売　上　高	(1,400,000)
給　　　料	(72,000)	受 取 地 代	(28,800)
支 払 家 賃	(20,000)	受 取 配 当 金	(6,000)
保　険　料	(144,000)		
貸倒引当金繰入	(2,560)		
減 価 償 却 費	(48,000)		
当 期 純 利 益	(340,240)		
	(1,434,800)		(1,434,800)

貸借対照表

熊本商店　　平成X3年12月31日現在　　（単位：円）

資　産	金　額	負債および純資産	金　額
現　　　金	(124,000)	買　掛　金	(220,000)
売　掛　金 (308,000)		借　入　金	(960,000)
貸倒引当金 (6,160)	(301,840)	(当期純利益)	(340,240)
有 価 証 券	(120,000)		
商　　　品	(120,000)		
備　　　品	(120,000)		
土　　　地	(734,400)		
	(1,520,240)		(1,520,240)

【解説】

取引内容	借　方	貸　方
1．売上原価の算定	仕　　　　入　144,000	繰　越　商　品　144,000
	繰　越　商　品　120,000	仕　　　　入　120,000
2．貸倒引当金の設定	貸倒引当金繰入　2,560	貸　倒　引　当　金　2,560
3．減価償却費の計上	減　価　償　却　費　48,000	建物や備品など　48,000

1．売上原価の計算：144,000円＋784,000円－120,000円＝808,000円

期首商品棚卸高 144,000円	売上原価 808,000円	→損益計算書に記載
当期商品仕入高 784,000円	期末商品棚卸高 120,000円	→貸借対照表に記載

2．貸倒引当金：見積額＝308,000円×2％＝6,160円，
　　　　　　　繰入額＝6,160円－3,600円＝2,560円
3．減価償却費：(240,000円－0円)÷5年＝48,000円

第12章 帳簿決算

ポイント

- □ 簿記の手続は，開始手続，営業手続，決算手続からなる。

- □ 決算手続は，決算予備手続，決算本手続，決算報告手続からなる。

- □ 決算予備手続は，試算表の作成と棚卸表の作成からなる。

- □ 決算本手続は，決算整理，利益の計算，帳簿の締切からなる。

- □ 決算報告手続は，決算書の作成からなる。

Ⅰ 簿記一巡の手続

　簿記の手続は，①開始手続（期首），②営業手続（期中），③決算手続（期末）からなります。

　①開始手続は，期首において最初に行う手続であり，貸借対照表に収容される資産，負債，資本（純資産）を期首の日付（1月1日）で前期繰越の記入を行う手続です。英米式と呼ばれる簡便的な記帳方式では，仕訳帳の借方と貸方の金額欄に前期末の繰越試算表の合計額を記入します。

　②営業手続は，期中において行う手続であり，取引につき仕訳帳へ仕訳を行い，総勘定元帳へ転記するとともに，必要に応じて補助簿に記入します。

　③決算手続は，期末において当期純利益（または当期純損失）を計算し，損益計算書および貸借対照表を作成するために行われる一連の手続です。具体的には，以下の手続からなります。

　決算予備手続：試算表の作成，棚卸表の作成
　決　算　本　手　続：決算整理，利益の計算，帳簿の締切
　決算報告手続：決算書の作成

図表12-1　簿記一巡の手続

```
         ←――会計期間（事業年度）――→
         期首                      期末
         1/1                      12/31
    ──────┼──────────────────────┼──────
          ↑          ↑             ↑
       ┌─────┐   ┌─────┐      ┌──────────┐
       │開始手続│   │営業手続│      │決算手続    │
       └─────┘   └─────┘      │決算予備手続│
                                │決算本手続  │
                                │決算報告手続│
                                └──────────┘
```

図表12-2　簿記一巡の手続

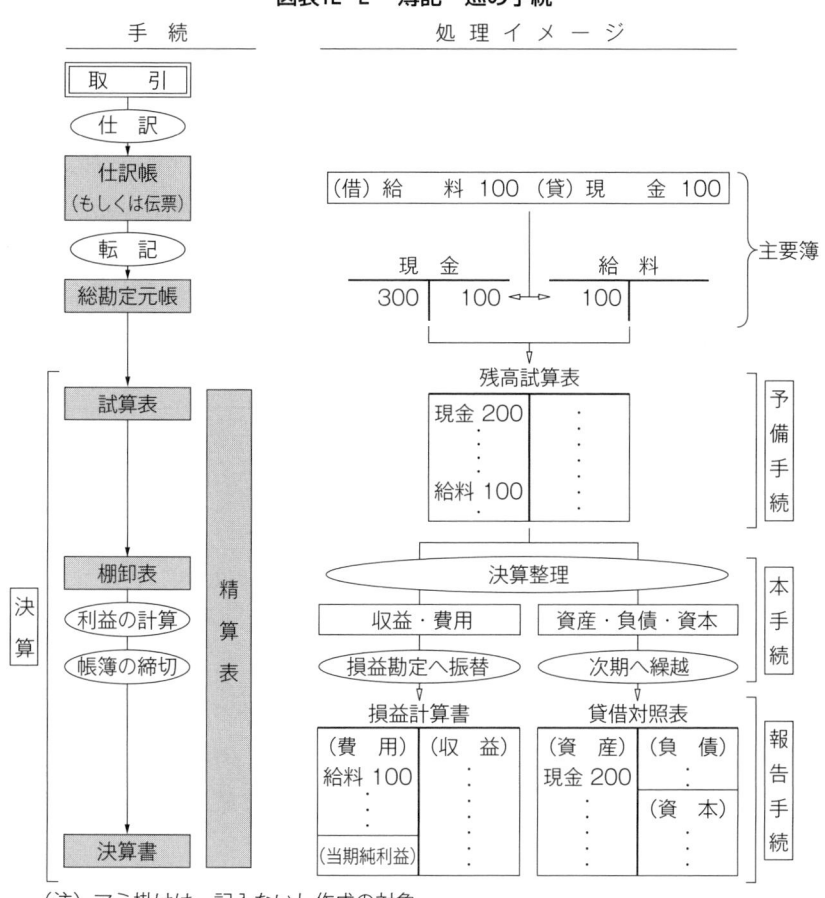

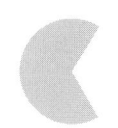

手続／処理イメージ

- 取引 → 仕訳 → 仕訳帳（もしくは伝票） → 転記 → 総勘定元帳【主要簿】
- （借）給　料 100　（貸）現　金 100
- 現金 300 / 100　　給料 100
- ↓
- 試算表 → 残高試算表（現金 200、給料 100）【予備手続】
- 棚卸表／利益の計算／帳簿の締切　→　決算整理　→　収益・費用／資産・負債・資本　→　損益勘定へ振替／次期へ繰越【本手続】
- 決算書　→　損益計算書（（費用）給料 100 …（当期純利益）／（収益）…）、貸借対照表（（資産）現金 200 …／（負債）…／（資本）…）【報告手続】

精算表

決算

（注）アミ掛けは，記入ないし作成の対象

Ⅱ　決算手続

1　試算表の作成 ●●●

すべての取引は仕訳帳に仕訳がなされた後，総勘定元帳へ転記されますが，

これらが正しく行われているかどうかを検証するために試算表が作成されます。試算表は月末において作成されるとともに，期末（12月31日）において決算の起点としても作成されます。決算時に作成される試算表は，損益計算書と貸借対照表の概略を知るうえでも有用となります。

　試算表には，総勘定元帳の各勘定の借方と貸方のそれぞれの合計額によって作成される合計試算表，総勘定元帳の各勘定の借方と貸方を相殺した残高によって作成される残高試算表，両者を併合した合計残高試算表の3つがありますが，損益計算書と貸借対照表の概略を知るうえでは残高試算表が便利です。

合計残高試算表
平成x年12月31日

借方残高	借方合計	勘定科目	貸方合計	貸方残高
52,000	104,000	現　　　　金	52,000	
1,742,000	2,353,000	当　座　預　金	611,000	
1,397,500	2,038,400	売　掛　　金	640,900	
338,000	338,000	繰　越　商　品		
	306,800	支　払　手　形	1,118,000	811,200
	739,700	買　掛　　金	1,839,500	1,099,800
		資　本　　金	1,300,000	1,300,000
		売　　　　上	3,705,000	3,705,000
2,626,000	2,626,000	仕　　　　入		
760,500	760,500	営　業　　費		
6,916,000	9,266,400		9,266,400	6,916,000

例題12-1

　次の各取引を月次合計試算表の（Ⅱ）の取引高欄に記入し，（Ⅲ）の合計試算表を完成しなさい。

　8月26日から31日までの取引
　　26日　売掛金回収高（小切手受取）　　260,000円

27日	当座預金預入高（上記小切手）	260,000
〃	商品掛仕入高	294,000
28日	営業費支払高（小切手振出）	39,000
29日	商品掛仕入値引高	42,000
30日	店主追加元入高（現金）	300,000
31日	買掛金支払高（約束手形振出）	390,000
〃	商品掛売上高	777,000

解答

月次合計試算表
平成x年8月31日

勘定科目	(I)25日までの合計試算表 借方	(I)25日までの合計試算表 貸方	(II)26日から31日までの取引高 借方	(II)26日から31日までの取引高 貸方	(III)31日の合計試算表 借方	(III)31日の合計試算表 貸方
現　　金	130,000	115,000	560,000	260,000	690,000	375,000
当座預金	1,170,000	734,000	260,000	39,000	1,430,000	773,000
売　掛　金	3,315,000	1,384,000	777,000	260,000	4,092,000	1,644,000
繰越商品	195,000				195,000	
支払手形	598,000	1,040,000		390,000	598,000	1,430,000
買　掛　金	1,457,000	1,984,000	432,000	294,000	1,889,000	2,278,000
資　本　金		700,000		300,000		1,000,000
売　　　上		4,095,000		777,000		4,872,000
仕　　　入	2,730,000	63,000	294,000	42,000	3,024,000	105,000
営　業　費	520,000		39,000		559,000	
	10,115,000	10,115,000	2,362,000	2,362,000	12,477,000	12,477,000

解説

26日	(借)	現　　　　金	260,000	(貸)	売　掛　金	260,000
27日	(借)	当 座 預 金	260,000	(貸)	現　　　　金	260,000
〃	(借)	仕　　　　入	294,000	(貸)	買　掛　金	294,000
28日	(借)	営　業　費	39,000	(貸)	当 座 預 金	39,000
29日	(借)	買　掛　金	42,000	(貸)	仕　　　　入	42,000
30日	(借)	現　　　　金	300,000	(貸)	資　本　金	300,000
31日	(借)	買　掛　金	390,000	(貸)	支 払 手 形	390,000
〃	(借)	売　掛　金	777,000	(貸)	売　　　　上	777,000

2　棚卸表の作成　●●●

　開始手続と営業手続だけを行っても，1会計期間（1月1日から12月31日）における企業の正確な損益計算書と貸借対照表は作成できません。たとえば商品の記帳方法に三分法を用いていれば売上原価は把握できていませんし，また，固定資産の使用から生じる減価償却費なども把握できていません。そこで，これらの項目を計上するために，決算整理を行います。決算整理を行うためにまとめた一覧表を，棚卸表といいます。

3　決算整理　●●●

　棚卸表に基づいて行われる仕訳を，決算整理（決算修正）仕訳といいます。個人企業における決算整理事項には，①売上原価の算定，②貸倒引当金の設定，③減価償却費の計上，④現金過不足の整理，⑤引出金の整理などがあります。

4　帳簿締切　●●●

　決算においては，最終的にすべての勘定口座が締め切られます。英米式における帳簿締切は，①損益振替手続，②資本振替手続，③繰越試算表の作成からなります。

(1) **損益振替手続**

簿記上，ある勘定を別の勘定へ移すことを振替と呼びます。振替手続のひとつである損益振替手続とは，決算整理後における収益の諸勘定と費用の諸勘定を，**損益**勘定に振り替える手続をいいます。損益振替手続によって，収益の諸勘定と費用の諸勘定はすべて貸借一致の状態になります。

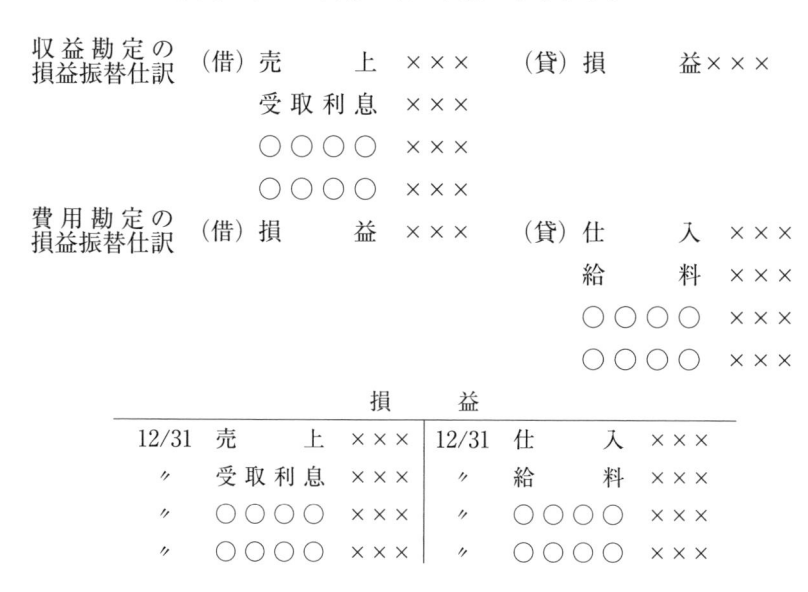

収益勘定の損益振替仕訳	(借)	売　　　　上	×××	(貸)	損　　　　益	×××
		受 取 利 息	×××			
		○○○○	×××			
		○○○○	×××			
費用勘定の損益振替仕訳	(借)	損　　　　益	×××	(貸)	仕　　　　入	×××
					給　　　　料	×××
					○○○○	×××
					○○○○	×××

損　益

12/31	売　　　　上	×××	12/31	仕　　　　入	×××
〃	受 取 利 息	×××	〃	給　　　　料	×××
〃	○○○○	×××	〃	○○○○	×××
〃	○○○○	×××	〃	○○○○	×××

簿記上，特定の計算目的のために設ける勘定を集合勘定と呼びます。集合勘定である損益勘定には，決算振替手続によってすべての収益と費用が集計されています。その結果，損益勘定において貸方金額の方が借方金額より大きい（貸方残）場合，当該差額は当期純利益を意味します。反対に，損益勘定において借方金額の方が貸方金額より大きい（借方残）場合，当該差額は当期純損失を意味します。したがって，損益勘定は決算書としての損益計算書に相当します。

(2) **資本振替手続**

振替手続のひとつ資本振替手続とは，損益勘定で算定された当期純利益（または当期純損失）を，**資本金**勘定に振り替える手続をいいます。複式簿記の原

理上，収益の発生は資本（純資産）の増加を意味し，費用の発生は資本（純資産）の減少を意味しますが，これを営業手続（期中）において行ってしまうと当期純利益（または当期純損失）の発生原因が不明となります。そこで，期中は収益の諸勘定と費用の諸勘定に集計していたものを，期末において資本（純資産）勘定に振り替えるのです。個人企業の場合，資本（純資産）勘定の内訳は資本金のみからなるため，資本振替手続により損益勘定から資本金勘定へと振り替えられます。

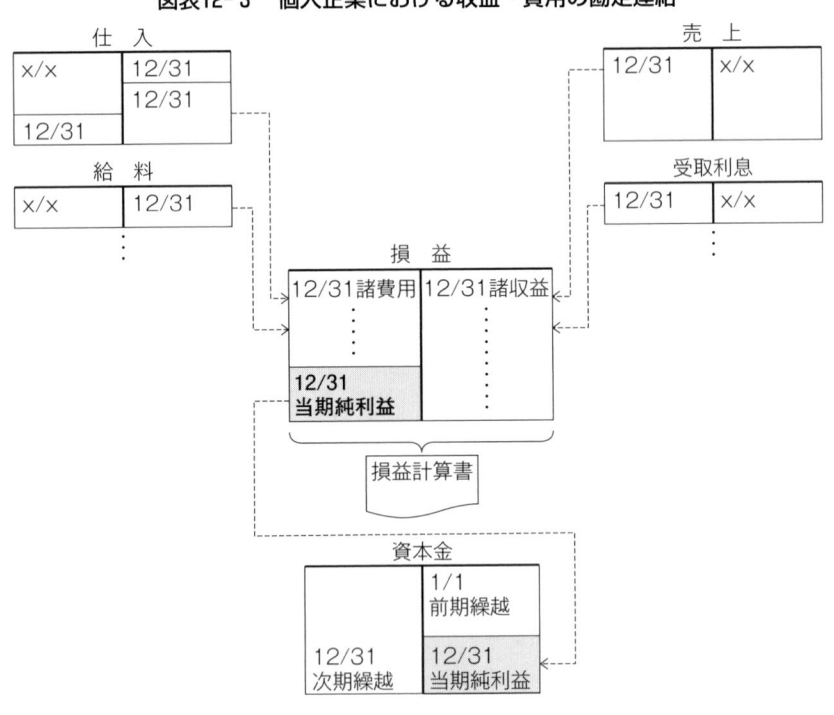

図表12-3　個人企業における収益・費用の勘定連絡

仕　入			売　上	
x/x	12/31		12/31	x/x
	12/31			
12/31				

給　料			受取利息	
x/x	12/31		12/31	x/x
⋮			⋮	

損　益

12/31 諸費用	12/31 諸収益
⋮	⋮
12/31 当期純利益	

損益計算書

資本金

	1/1 前期繰越
12/31 次期繰越	12/31 当期純利益

当期純利益における資本振替仕訳　（借）損　　益　×××　（貸）資　本　金　×××
（当期純損失における資本振替仕訳　（借）資　本　金　×××　（貸）損　　益　×××）

(3) 繰越試算表の作成

　英米式においては，資産，負債，資本（純資産）の諸勘定は，特定の集合勘定へ振り替えることはありません。借方残となる資産の勘定科目は貸方に次期繰越として残高を記入し，貸方残となる負債と資本（純資産）の勘定科目は借方に次期繰越として残高を記入することで貸借が一致することにより，勘定口座を締め切ります。

　ただし，資産，負債，資本（純資産）の諸勘定を締め切った後に，その繰越記入が正確に行われているかどうかを確認するために，それらの繰越高を集めた繰越試算表を作成します。したがって，繰越試算表は決算書としての貸借対照表に相当します。

図表12-4　個人企業における資産・負債・資本(純資産)の勘定連絡

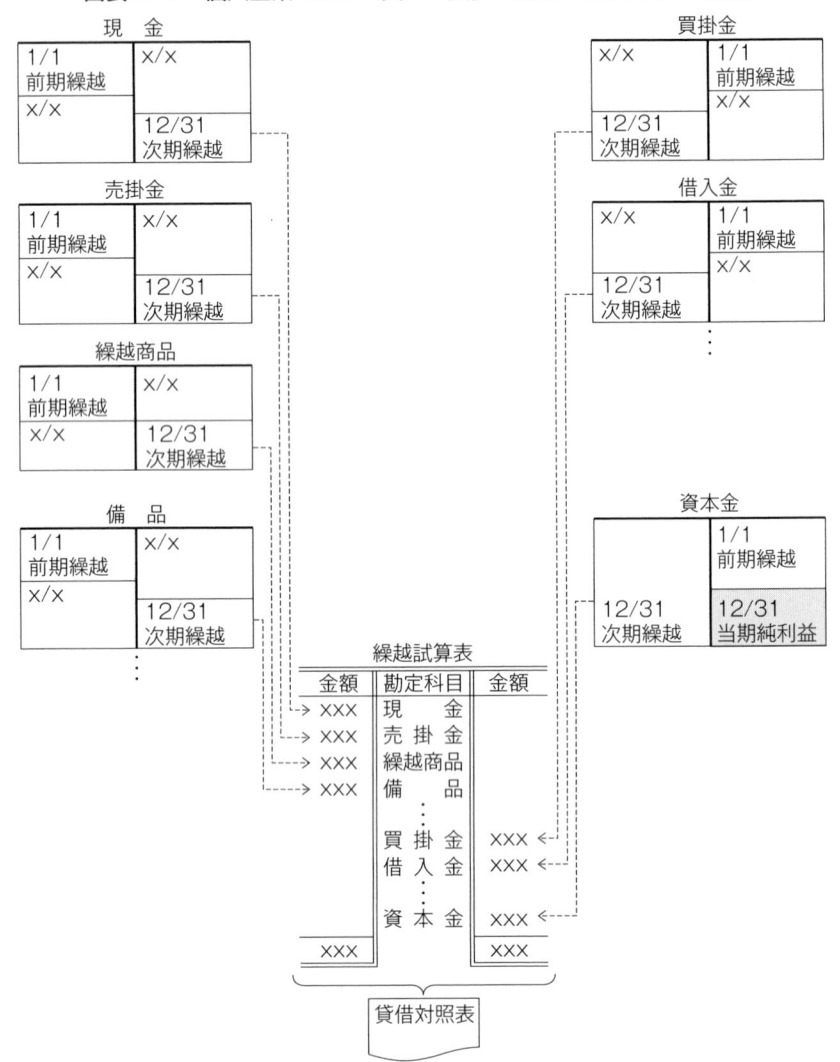

現　金			買掛金	
1/1 前期繰越	x/x		x/x	1/1 前期繰越
x/x	12/31 次期繰越		12/31 次期繰越	x/x

売掛金			借入金	
1/1 前期繰越	x/x		x/x	1/1 前期繰越
x/x	12/31 次期繰越		12/31 次期繰越	x/x
			⋮	

繰越商品	
1/1 前期繰越	x/x
x/x	12/31 次期繰越

備　品			資本金	
1/1 前期繰越	x/x			1/1 前期繰越
x/x	12/31 次期繰越		12/31 次期繰越	12/31 当期純利益
⋮				

繰越試算表

金額	勘定科目	金額
xxx	現　　金	
xxx	売　掛　金	
xxx	繰越商品	
xxx	備　　品	
	⋮	
	買　掛　金	xxx
	借　入　金	xxx
	⋮	
	資　本　金	xxx
xxx		xxx

貸借対照表

5 決算書の作成 ●●●

簿記は事業主の財産管理や経営管理に役立つとともに，企業外部にも利用されます。つまり，企業の経営成績や財政状態は，企業自身が作成する損益計算書と貸借対照表によって企業外部に報告されるのです。この損益計算書や貸借対照表を，決算書（財務諸表）といいます。

損益計算書は収益と費用の諸項目からなり，企業の一定期間（1月1日から12月31日）における儲けを意味する当期純利益の原因を示します。また，貸借対照表は資産と負債，資本（純資産）の諸項目からなり，企業の一定時点（12月31日）における資金運用と資金調達・資金留保の状況を示します。

損益計算書や貸借対照表は，会計帳簿への記入がすべて終了してから作成されます。その際，損益計算書は集合勘定たる損益勘定から，貸借対照表は資産，負債，資本（純資産）の諸勘定の残高（もしくは繰越試算表）から作成されます。

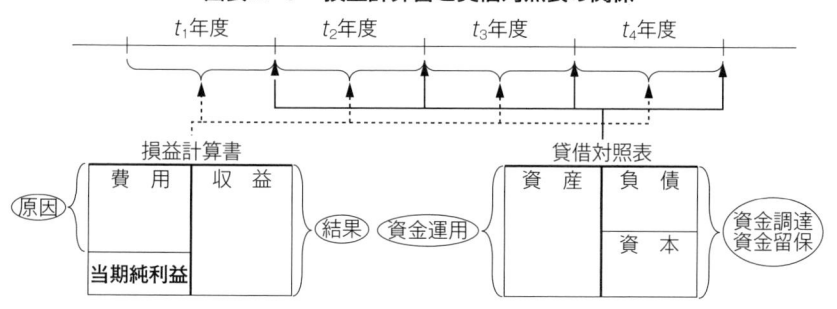

図表12-5 損益計算書と貸借対照表の関係

t_1年度　t_2年度　t_3年度　t_4年度

損益計算書：原因｜費用／収益｜当期純利益｜結果

貸借対照表：資金運用｜資産／負債・資本｜資金調達・資金留保

損益計算書
○○商店　　　　　　x年1月1日からx年12月31日まで

費　　用	金　　額	収　　益	金　　額
売 上 原 価	5,696,000	売　　上　　高	7,788,000
給　　　　料	1,280,000	受 取 手 数 料	208,000
支 払 家 賃	453,600	受 取 利 息	36,800
消 耗 品 費	256,000		
貸倒引当金繰入	11,200		
減 価 償 却 費	108,000		
支 払 利 息	24,800		
当 期 純 利 益	**203,200**		
	8,032,800		8,032,800

貸借対照表
○○商店　　　　　　　　x年12月31日

資　　産	金　　額		負債および資本(純資産)	金　　額
現　　　　　金		360,000	支 払 手 形	320,000
当 座 預 金		536,000	買 　掛　 金	1,120,000
売 　掛 　金	1,440,000		借 　入　 金	800,000
貸 倒 引 当 金	28,800	1,411,200	資 　本　 金	2,552,000
有 価 証 券		568,000	当 期 純 利 益	203,200
商　　　　品		576,000		
貸 　付 　金		1,040,000		
備　　　　品		504,000		
		4,995,200		4,995,200

例題12-2

京都商店（決算年1回　12月31日）の元帳勘定残高と付記事項および決算整理事項によって損益計算書と貸借対照表を作成しなさい。

元帳勘定残高

現　　　金	583,000円	当 座 預 金	793,000円
売　掛　金	2,340,000	貸倒引当金	28,600
有 価 証 券	919,000	繰 越 商 品	832,000
貸　付　金	1,690,000	仮　払　金	78,000
備　　　品	994,500		
買　掛　金	1,820,000	支 払 手 形	514,000
		借　入　金	1,300,000
資　本　金	4,238,000	引　出　金	91,000
売　　　上	12,652,500	受取手数料	341,000
受 取 利 息	59,800		
給　　　料	2,080,000	仕　　　入	9,360,000
消 耗 品 費	416,000	支 払 家 賃	576,000
支 払 利 息	40,300	雑　　　費	144,200
		現金過不足 （借方残高）	16,900

付記事項

1. 仮払金は，注文した商品代金の手付金である。
2. 現金過不足の原因は，消耗品費の支払いであることが分かった。

決算整理事項

1. 期末商品棚卸高　936,000円
2. 貸倒引当金　売掛金残高の2％に設定（差額補充法）
3. 備品減価償却高　175,500円　ただし，直接法によること。
4. 引出金は整理する。

解答

損益計算書

京都商店　　　　x年1月1日からx年12月31日まで

費　用	金　額	収　益	金　額
売 上 原 価	9,256,000	売 上 高	12,652,500
給　　　料	2,080,000	受 取 手 数 料	341,000
支 払 家 賃	576,000	受 取 利 息	59,800
消 耗 品 費	432,900		
貸倒引当金繰入	18,200		
減 価 償 却 費	175,500		
雑　　　費	144,200		
支 払 利 息	40,300		
当 期 純 利 益	330,200		
	13,053,300		13,053,300

貸借対照表

京都商店　　　　x年12月31日

資　産	金　額	負債および資本(純資産)	金　額
現　　　金	583,000	支 払 手 形	514,000
当 座 預 金	793,000	買 掛 金	1,820,000
売　掛　金 2,340,000		借 入 金	1,300,000
貸倒引当金 46,800	2,293,200	資 本 金	4,147,000
有 価 証 券	919,000	当 期 純 利 益	330,200
商　　　品	936,000		
前　払　金	78,000		
貸　付　金	1,690,000		
備　　　品	819,000		
	8,111,200		8,111,200

解説

付記1	（借）前　払　　　金　　78,000	（貸）仮　払　　　金　　78,000
2	（借）消　耗　品　費　　16,900	（貸）現　金　過　不　足　　16,900
決算1	（借）仕　　　　　　入　832,000 （借）繰　越　商　品　936,000	（貸）繰　越　商　品　832,000 （貸）仕　　　　　　入　936,000
2	（借）貸倒引当金繰入　　18,200	（貸）貸　倒　引　当　金　　18,200
3	（借）減　価　償　却　費　175,500	（貸）備　　　　　　品　175,500
4	（借）資　　本　　　金　　91,000	（貸）引　　出　　　金　　91,000

・元帳における売上勘定は，損益計算書上，売上高となります。

・元帳における仕入勘定は，損益計算書上，売上原価となります。

・元帳における繰越商品勘定は，貸借対照表上，商品となります。

練習問題

次の各取引を月次合計試算表の（Ⅱ）の取引高欄にその金額を記入し，（Ⅲ）の残高試算表を完成しなさい。

3月26日から31日までの取引

26日	商品掛売上高	567,000円
27日	店主私用引出高（現金）	55,000
28日	当座預金引出高（現金）	120,000
〃	商品掛売上返品高	63,000
29日	商品掛仕入高	483,000
30日	営業費支払高（現金）	84,000
31日	売掛金回収高（約束手形受取）	651,000
〃	買掛金支払高（小切手振出）	462,000

月次残高試算表
平成 x 年 3 月 31 日

勘定科目	(Ⅰ)25日までの合計試算表		(Ⅱ)26日から31日までの取引高		(Ⅲ)31日の残高試算表	
	借方	貸方	借方	貸方	借方	貸方
現　　　金	204,000	152,000	120,000	139,000	33,000	
当座預金	1,975,000	611,000		582,000	782,000	
受取手形	474,000	285,000	651,000		840,000	
売　掛　金	2,038,000	640,000	567,000	714,000	1,251,000	
繰越商品	338,000				338,000	
支払手形	306,000	929,000				623,000
買　掛　金	739,000	1,839,000	462,000	483,000		1,121,000
資　本　金		1,300,000	55,000			1,245,000
売　　　上		3,705,000	63,000	567,000		4,209,000
仕　　　入	2,626,000		483,000		3,109,000	
営　業　費	761,000		84,000		845,000	
	9,461,000	9,461,000	2,485,000	2,485,000	7,198,000	7,198,000

【解答・解説】

【解答】

月次合計試算表
平成 x 年 3 月 31 日

勘定科目	(I)25日までの合計試算表 借方	(I)25日までの合計試算表 貸方	(II)26日から31日までの取引高 借方	(II)26日から31日までの取引高 貸方	(III)31日の残高試算表 借方	(III)31日の残高試算表 貸方
現　　　金	204,000	152,000	120,000	139,000	33,000	
当 座 預 金	1,975,000	611,000		582,000	782,000	
受 取 手 形	474,000	285,000	651,000		840,000	
売 掛 金	2,038,000	640,000	567,000	714,000	1,251,000	
繰 越 商 品	338,000				338,000	
支 払 手 形	306,000	929,000				623,000
買 掛 金	739,000	1,839,000	462,000	483,000		1,121,000
資 本 金		1,300,000	55,000			1,245,000
売　　　上		3,705,000	63,000	567,000		4,209,000
仕　　　入	2,626,000		483,000		3,109,000	
営 業 費	761,000		84,000		845,000	
	9,461,000	9,461,000	2,485,000	2,485,000	7,198,000	7,198,000

【解説】

26日	(借) 売　掛　金	567,000	(貸) 売　　　上	567,000
27日	(借) 資　本　金	55,000	(貸) 現　　　金	55,000
28日	(借) 現　　　金	120,000	(貸) 当 座 預 金	120,000
〃	(借) 売　　　上	63,000	(貸) 売　掛　金	63,000
29日	(借) 仕　　　入	483,000	(貸) 買　掛　金	483,000
30日	(借) 営 業 費	84,000	(貸) 現　　　金	84,000
31日	(借) 受 取 手 形	651,000	(貸) 売　掛　金	651,000
〃	(借) 買　掛　金	462,000	(貸) 当 座 預 金	462,000

第13章

伝票会計

ポイント 伝票記入は仕訳を表す。

□ 入金伝票

入　金　伝　票　No.34 平成23年5月10日	承認印	主帳印	会計印	係印	印

科目	売　掛　金	入金先	全　経　商　店	殿

摘　　　　要	金　　額
全経商店より売掛金回収	50,000
合　　　　計	50,000

⇒ （借）現　金　50,000
　　（貸）売掛金　50,000

□ 出金伝票

出　金　伝　票　No.127 平成23年5月15日	承認印	主帳印	会計印	係印	印

科目	買　掛　金	支払先	白　桃　商　店	殿

摘　　　　要	金　　額
白桃商店に買掛金支払い	30,000
合　　　　計	30,000

⇒ （借）買掛金　30,000
　　（貸）現　金　30,000

□ 振替伝票

振　替　伝　票　平成23年5月30日　No.216	承認印	主帳印	会計印	係印	印

金　　額	借方科目	摘　　要	貸方科目	金　　額
200,000	備　品	事務用PCの購入	未払金	200,000
200,000		合　　計		200,000

⇒ （借）備　品　200,000　　（貸）未払金　200,000

I　伝票会計とは

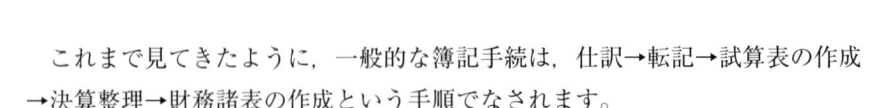

これまで見てきたように，一般的な簿記手続は，仕訳→転記→試算表の作成→決算整理→財務諸表の作成という手順でなされます。

仕訳は借方と貸方に分けて取引の内容を記録する手続きですが，現金入金取引などのような特定の取引が多い場合には，専用の伝票に記入することによって，借方・貸方に分けて記録する仕訳に代えることもあります（図表13-1）。

図表13-1

① 仕訳　　←この部分を伝票記入で代替
② 勘定への転記
③ 試算表の作成
④ 決算整理
⑤ 財務諸表の作成

以下では，伝票を使った会計手続について見ていきましょう。

II　伝票の種類

伝票には5つの種類があります（図表13-2）。

図表13-2

入金伝票	入金があった場合に記入します。
出金伝票	出金があった場合に記入します。
仕入伝票	商品の仕入があった場合に記入します。
売上伝票	商品の売上があった場合に記入します。
振替伝票	上記以外の取引を記入します。

図表13-2で示したように，特定の取引とは，入出金や商品売買を指します。たとえば，**入金取引が行われた場合には入金伝票に**，**出金取引が行われた場合**

には出金伝票に，仕入取引が行われた場合には仕入伝票に，売上取引が行われた場合には売上伝票に，入出金・商品売買以外の取引が行われた場合には振替伝票に記入するだけで済ませ，仕訳を行いません。なお，仕入伝票および売上伝票は2級の範囲ですから，ここでは入金伝票・出金伝票・振替伝票の3つについて学習していきます。

Ⅲ　伝票記入

1　入金伝票

例題13-1
平成23年5月10日，得意先全経商店から売掛金50,000円を現金で回収した。伝票（伝票 No. 34）に記入しなさい。

解答

入　金　伝　票　①No.34 ②平成23年5月10日	承認印	主帳印	会計印	係印　印
科目　③売　掛　金　入金先　④全　経　商　店　　　殿					

摘　　　要	金　　額
⑤全経商店より売掛金回収	⑥50000
合　　　計	50000

例題13-1の取引は，売掛金を現金で回収した取引ですから，現金入金取引です。現金入金取引を記入する伝票は入金伝票ですね。入金伝票の記入方法について順に見ていきましょう（図表13-3）。

図表13-3

記入場所	記入方法
① 伝票番号	実務では，伝票番号を通し番号で付けていきます。ただし，検定試験では問題文に指示してある番号を入れます。
② 日付	実務では，実際に取引が行われた日付を記入します。検定試験では問題文に指示してある取引が行われた日付を記入してください。
③ 科目	相手勘定科目を記入します。現金が入金されたのは売掛金が回収されたからなので，その科目を記入すればいいわけです。
④ 入金先	取引相手を記入してください。例題13-1では全経商店から現金を受け取りましたので，全経商店と記入します。
⑤ 摘要	取引の内容を簡潔に記入します。現金出納帳などの帳簿の摘要欄と同様に記入してください。
⑥ 金額	入金額を記入してください。

例題13-1では行われた取引を伝票に記入しました。次の入金伝票（図表13-4）を使って，記入された伝票の意味についてもう少し考えてみましょう。

図表13-4

入金伝票 平成23年5月25日 No.52	承認印	主帳印	会計印	係印	印
科目　受取手形　入金先		千葉商店　　　殿			
摘要			金額		
千葉商店より手形代金回収			100000		
合計			100000		

入金伝票ですから，現金入金があったことを意味します。仕訳で考えると借方が現金であるということですね。よって，入金伝票に記入された科目は貸方の科目ということになります。つまり，この入金伝票の内容を仕訳で表すと次のようになります。

（借）現　　金　100,000　（貸）受取手形　100,000

このように，入金伝票に書かれていることを仕訳で考えることができるので，Iで述べたように，"伝票へ記入すること"＝"仕訳をすること"なのです。ですから，伝票へ記入する場合には仕訳を行う必要はありません。

2　出金伝票 ●●●

例題13-2
平成23年5月20日，仕入先白桃商店に買掛金30,000円を現金で支払った。伝票（伝票No.127）に記入しなさい。

解答

出金伝票　No.127　平成23年5月20日	承認印	主帳印	会計印	係印	印
科目　買掛金　支払先　白桃商店　殿					
摘要			金額		
白桃商店に買掛金支払い			3 0 0 0 0		
合計			3 0 0 0 0		

例題13-2の取引は，買掛金を現金で支払った取引ですから，現金出金取引です。現金出金取引を記入する伝票は出金伝票ですね。出金伝票についても，入金伝票と同様に記入してください。

3　振替伝票 ●●●

例題13-3
平成23年5月30日，事務用PCを購入し，代金は翌月末に支払うこととした。伝票（伝票No.216）に記入しなさい。

解答

振替伝票 平成23年5月30日		No.216		承認印	主帳印	会計印	係印
金額	借方科目	摘要	貸方科目	金額			
200000	備品	事務用PCの購入	未払金	200000			
200000		合計		200000			

　例題13-3の取引は現金入出金がない取引ですから，振替伝票に記入します。振替伝票をご覧いただければお分かりになると思いますが，振替伝票に記入する内容はほぼ仕訳と同一の内容です（記入する順序がちょっと違いますが）。左側から借方金額，借方科目，摘要，貸方科目，貸方金額と並べていくだけです。もうこれは**伝票**というより仕訳そのものですね。ここでも，"伝票へ記入すること"＝"仕訳をすること"であることが理解できると思います。

IV　一部現金取引

　ここまでみてきたように，伝票に記入すると，仕訳に代えることができます。ただひとつ困ったことが生じます。それは，ふたつの伝票に記入できるような取引の場合です。たとえば，商品50,000円を販売し，代金のうち30,000円を現金で受け取り，残りは掛としたという取引を考えてみましょう。このように，**取引の一部が現金で行われているような取引を一部現金取引**といいます。
　では，どのように記入すればよいでしょうか？　入金額は30,000円ですから，入金伝票を作成する際には，30,000円分の入金伝票しか作成できません。残り20,000円分をどうすればいいのかなど，ちょっとした問題が生じるわけです。そこで，次のような工夫を行います（図表13-5）。

図表13- 5

分割記入	取引を30,000円部分と20,000円部分に分けて記入する。
擬制記入	取引の全体を示したあと，入出金部分を別途記入する。

例題13- 4

平成23年６月８日，得意先全経商店に商品50,000円を売り上げ，代金のうち30,000円は現金で受け取り，残額は掛とした。取引を分割する方法で，入金伝票（伝票No.35）と振替伝票（伝票No.217）に記入しなさい。

解答

入　金　伝　票　　No.35　　平成 23 年 6 月 8 日

承認印	主帳印	会計印	係印	印

科目	売　　上	支払先	全　経　商　店　　殿

摘　　要	金　　額
全経商店に商品売上	30000
合　　計	30000

振　替　伝　票　　No.217　　平成 23 年 6 月 8 日

承認印	主帳印	会計印	係印	印

金　　額	借方科目	摘要	貸方科目	金　　額
20000	売掛金	全経商店に商品売上	売上	20000
20000	合　　計			20000

一部現金取引のひとつめの伝票記入方法は，取引を分割して記入する方法です。現金売上部分を基準として，次のようなふたつの取引に分解して，それぞれの伝票に記入します（図表13- 6）。

図表13-6

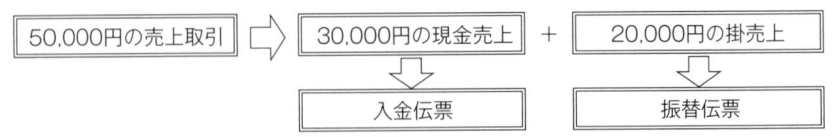

50,000円の売上取引 ⇒ 30,000円の現金売上 ＋ 20,000円の掛売上
　　　　　　　　　　　　↓　　　　　　　　　　　↓
　　　　　　　　　　入金伝票　　　　　　　　振替伝票

例題13-5

平成23年6月8日，得意先全経商店に商品50,000円を売り上げ，代金のうち30,000円は現金で受け取り，残額は掛とした。いったん全額を掛取引と見なして，入金伝票（伝票No.36）と振替伝票（伝票No.218）に記入しなさい。

解答

入金伝票　　No.36　　平成23年6月8日			承認印	主帳印	会計印	係印	印
科目	売掛金	支払先	全経商店　　　殿				
摘要			金額				
全経商店より売掛金回収			30,000				
合計			30,000				

振替伝票　　No.217　　平成23年6月8日						承認印	主帳印	会計印	係印	印
金額		借方科目	摘要	貸方科目	金額					
50,000		売掛金	全経商店に商品売上	売上	50,000					
50,000			合計		50,000					

第13章　伝票会計

一部現金取引のふたつめの伝票記入方法は，取引を擬制して記入する方法です。次のようなふたつの取引に分解して，それぞれの伝票に記入します（図表13-7）。

図表13-7

50,000円の売上取引	⇒	50,000円の掛売上	＋	30,000円の掛回収
		⇓		⇓
		振替伝票		入金伝票

　例題13-4でも例題13-5でも，記入する伝票は入金伝票と振替伝票であり，同じです。しかし，**入金伝票に記入する科目**と**振替伝票の金額**が異なります。この違いがそれぞれの記入方法の特徴です。

練習問題

次の取引を伝票に記入しなさい。

(1) 平成23年6月20日，神奈川商店より商品200,000円を仕入れ，代金はかねてより売掛金のある埼玉商店の引受を得て，神奈川商店を受取人とする為替手形を振り出した（伝票 No.238）。

(2) 平成23年6月30日，東京商店に商品150,000円を売り上げ，代金のうち50,000円は現金で受け取り，残額は掛とした。なお，取引を分割する方法によって記入すること（入金伝票は No.63，振替伝票は No.274）。

(1)

金　　額	借方科目	摘　　要	貸方科目	金　　額
		合　　計		

振替伝票　平成　年　月　日　No.

(2)

入金伝票 平成　年　月　日	No.	承認印	主帳印	会計印	係印	印
科目		支払先				殿

摘　　　　要	金　　額
合　　　計	

振替伝票 平成　年　月　日			No.		承認印	主帳印	会計印	係印	印
金　　額	借方科目	摘　要	貸方科目	金　　額					
		合　　計							

解答・解説

(1)

振替伝票 平成23年6月20日 No.238			
金額	借方科目	摘要	貸方科目	金額
200000	仕入	全経商店より商品仕入	売掛金	200000
		為替手形の振り出し		
200000		合計		200000

(2)

入金伝票　平成23年6月30日　No.63
科目：売上　支払先：東京商店殿

摘要	金額
東京商店に商品売上	50000
合計	50000

振替伝票　平成23年6月30日　No.274

金額	借方科目	摘要	貸方科目	金額
100000	売掛金	東京商店に商品売上	売上	100000
100000		合計		100000

(1) 為替手形の振出によって入出金は生じませんので，振替伝票に記入します。
(2) 50,000円の現金売上部分を入金伝票へ，100,000円の掛売上部分を振替伝票に記入します。

検定試験過去問題

第164回簿記能力検定試験（平成23年2月20日施行）

第1問 次の取引の仕訳をしなさい。ただし，勘定科目は，次の中から最も正しいと思われるものを選びなさい。(28点)

現　　　金	当　座　預　金	普　通　預　金	受　取　手　形
売　掛　金	貸　付　金	前　払　金	未　収　金
備　　　品	車　両　運　搬　具	土　　　地	支　払　手　形
買　掛　金	当　座　借　越	借　入　金	前　受　金
従業員預り金	未　払　金	仮　受　金	売　　　上
受　取　手　数　料	受　取　家　賃	有価証券売却益	仕　　　入
給　　　料	広　告　費	交　通　費	通　信　費
租　税　公　課	支　払　家　賃	有価証券売却損	貸　倒　損　失

1. 新潟商店から商品￥350,000を仕入れ，代金のうち￥100,000は小切手を振り出して支払い，残額は掛とした。
2. 長野商店に商品（原価￥100,000）を￥180,000で売り渡し，その代金のうち￥80,000は同店振り出しの小切手で受け取り，残額については同店振り出しの約束手形を受け取った。
3. 山梨自動車販売株式会社から，商品運搬用に小型トラックを購入し，代金￥1,500,000は1か月後に支払うこととした。
4. 東京不動産株式会社から，営業に供する目的で土地￥8,000,000を購入し，この代金と買入手数料￥150,000をあわせて小切手を振り出して支払った。
5. かねて取り立てを依頼していた埼玉商店振り出しの約束手形￥500,000が本日満期となり，当座預金に振り込まれた旨の通知を受けた。
6. 茨城商店に掛けで売り上げた商品の一部（売価￥30,000，原価￥22,000）が返品されてきた。
7. 当期に生じた南北商店に対する売掛金￥230,000が，回収不能となった。

第2問　次の資料1～3によって，期首純資産・費用総額・当期純利益の各金額を求めなさい。なお，期中において純資産を直接的に増減させる取引はなかった。（12点）

1．期　首：
　　現　　　金　¥　50,000　　当座預金　¥1,800,000　　売　掛　金　¥　680,000
　　受取手形　¥800,000　　商　　　品　¥　220,000　　車両運搬具　¥1,500,000
　　買　掛　金　¥550,000　　借　入　金　¥1,500,000

2．期　末：
　　現　　　金　¥　30,000　　当座預金　¥2,050,000　　売　掛　金　¥　730,000
　　受取手形　¥780,000　　商　　　品　¥　260,000　　車両運搬具　¥1,000,000
　　買　掛　金　¥520,000　　借　入　金　¥　900,000　　未　払　金　¥　200,000

3．この期の収益の総額：¥2,130,000

第3問　次の取引を入金伝票・出金伝票・振替伝票に記入しなさい。（12点）

平成23年1月7日　　福島商店より，受注した商品の代金の一部¥50,000を，商品の引き渡しに先立ち受け取った。（伝票No.11）

平成23年1月12日　かねて買掛金のある群馬商店振り出し，当店あて，静岡商店受取りの為替手形（額面¥300,000）の提示を受け，これを引き受けた。（伝票No.26）

平成23年1月20日　従業員である全経太郎氏に，給料¥210,000を現金で支払った。（伝票No.53）

第4問　次のA商品に関する取引につき，先入先出法によって商品有高帳に記入しなさい。なお締め切る必要はない。（16点）

2月2日　山形商店からA商品を＠¥600で200個仕入れ，代金は掛けとした。
　　4日　青森商店にA商品を＠¥900で160個売り渡し，代金は掛けとした。
　　7日　山形商店からA商品を＠¥610で100個仕入れ，代金は掛けとした。
　10日　岩手商店にA商品を＠¥950で170個売り渡し，代金は掛けとした。
　15日　山形商店にA商品を＠¥620で200個売り渡し，代金は掛けとした。

第5問 神奈川商店（会計期間は1月1日～12月31日）の次の決算整理事項によって精算表を完成しなさい。(32点)

決算整理事項等

1. 期末商品棚卸高　　￥270,000
2. 貸倒引当金　　　　売掛金残高の1.2%の貸し倒れを見積もる。差額補充法により処理すること。
3. 備品減価償却　　　定額法により減価償却費の計算を行い，直接法により記帳している。
　　　　　　　　　　なお，備品は前々期期首に購入し，直ちに事業の用に供したものである。（取得原価￥1,250,000であり，耐用年数は5年，残存価額はゼロとする。）
4. 現金過不足の残高は，原因不明につき雑益とする。
5. 引出金の整理

〔解答欄〕
第1問（28点）

	借　方		貸　方	
	勘　定　科　目	金　額	勘　定　科　目	金　額
1				
2				
3				
4				
5				
6				
7				

第2問（12点）

期首純資産	¥
費用総額	¥
当期純利益	¥

第3問（12点）

振替伝票		No. ___			承認印	主帳印	会計印	係印	印
平成　年　月　日									

金　額	借方科目	摘　要	貸方科目	金　額
	合　計			

入金伝票　No. ___	承認印	主帳印	会計印	係印	印
平成　年　月　日					

科目		入金先		殿
摘　要			金　額	
合　計				

出金伝票　No. ___	承認印	主帳印	会計印	係印	印
平成　年　月　日					

科目		支払先		殿
摘　要			金　額	
合　計				

第4問（16点）

商 品 有 高 帳
A 商品

平成23年		摘要	受　入			払　出			残　高		
			数量	単価	金額	数量	単価	金額	数量	単価	金額
2	1	前月繰越	100	600	60,000				100	600	60,000

第5問（32点）

精　算　表

勘定科目	残高試算表 借方	残高試算表 貸方	整理記入 借方	整理記入 貸方	損益計算書 借方	損益計算書 貸方	貸借対照表 借方	貸借対照表 貸方
現　　　　　金	169,000							
現 金 過 不 足		3,000						
当 座 預 金	3,440,000							
売　掛　　金	1,000,000							
貸 倒 引 当 金		9,000						
有 価 証 券	900,000							
繰 越 商 品	220,000							
貸　付　　金	500,000							
備　　　　　品	750,000							
買　掛　　金		480,000						
前　受　　金		64,000						
借　入　　金		2,100,000						
資　本　　金		4,000,000						
引　出　　金	50,000							
売　　　　　上		4,220,000						
受 取 利 息		8,000						
雑　収　　入		116,000						
仕　　　　　入	1,600,000							
給　　　　　料	890,000							
広　告　　費	200,000							
交　通　　費	510,000							
通　信　　費	190,000							
消 耗 品 費	30,000							
支 払 家 賃	360,000							
水 道 光 熱 費	90,000							
支 払 利 息	101,000							
	11,000,000	11,000,000						
貸倒引当金繰入								
減 価 償 却 費								
雑　　　　　益								
当 期 純 利 益								

[解答・解説]

第1問

@4点×7＝28点

	借　方		貸　方	
	勘定科目	金　額	勘定科目	金　額
1	仕　　　　入	350,000	当　座　預　金 買　　掛　　金	100,000 250,000
2	現　　　　金 受　取　手　形	80,000 100,000	売　　　　上	180,000
3	車　両　運　搬　具	1,500,000	未　　払　　金	1,500,000
4	土　　　　地	8,150,000	当　座　預　金	8,150,000
5	当　座　預　金	500,000	受　取　手　形	500,000
6	売　　　　上	30,000	売　　掛　　金	30,000
7	貸　倒　損　失	230,000	売　　掛　　金	230,000

1．勘定科目群より商品に関しては三分法を採用していることが分かるため、仕入に借記し、小切手の振り出しは当座預金に、残額は買掛金に貸記します。
2．売上に貸記し、小切手の受取を現金に、約束手形の受取を受取手形に借記します。
3．固定資産は購入時の諸費用を含めて取得原価とし、車両運搬具に借記します。また、主たる業務以外で生じた債務は未払金に貸記します。
4．固定資産は購入時の諸費用を含めて取得原価とし、借記します。
5．取り立てを依頼していた約束手形を受取手形に貸記し、当座預金への振り込みを当座預金に借記します。
6．返品された商品の売価にて売上に借記し、売掛金に貸記します。
7．当期に生じた売掛金が貸し倒れた場合には、売掛金を帳簿から消去する（＝貸記する）と同時に、貸倒損失（費用）を借記します。

第2問

@4点×3＝12点

期首純資産	¥	3,000,000
費用総額	¥	1,900,000
当期純利益	¥	230,000

　この計算問題は、貸借対照表等式（資産＝負債＋純資産）や損益計算書等式（費用＋当期純利益＝収益）を基本として、貸借対照表と損益計算書の関係を理解しているかを問う問題です。したがって、この2つの等式を図式化して解答すると、全体像が把握できるとともに、問われている問題の解答を得ることができます。

期首 B/S

資産		負債	
現　　　金	¥ 　 50,000	買　掛　金	¥ 　550,000
当座預金	¥1,800,000	借　入　金	¥1,500,000
売　掛　金	¥ 　680,000		
受取手形	¥ 　800,000	負債合計	¥2,050,000
商　　　品	¥ 　220,000	純資産	
車両運搬具	¥1,500,000	純資産合計	¥3,000,000
資産合計	¥5,050,000		

期末 B/S

資産		負債	
現　　　金	¥ 　 30,000	買　掛　金	¥ 　520,000
当座預金	¥2,050,000	借　入　金	¥ 　900,000
売　掛　金	¥ 　730,000	未　払　金	¥ 　200,000
受取手形	¥ 　780,000	負債合計	¥1,620,000
商　　　品	¥ 　260,000	純資産	
車両運搬具	¥1,000,000	純資産合計	¥3,230,000
資産合計	¥4,850,000		

期首純資産＋当期純利益＝期末純資産

P/L

費用		収益	
費用合計：	¥1,900,000		
当期純利益	¥230,000	収益合計：	¥2,130,000

第3問

●印@4点×3＝12点

振替伝票 No.26 平成23年1月12日				
金額	借方科目	摘要	貸方科目	金額
●300000	買掛金	為替手形の引き受け	支払手形	300000
300000		合計		300000

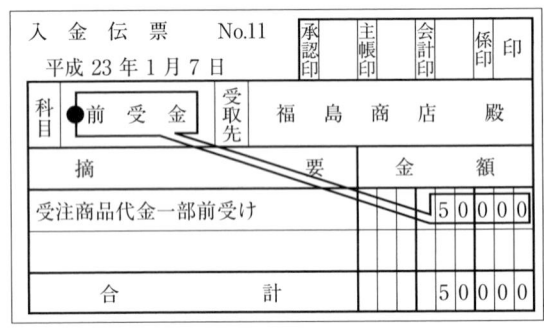

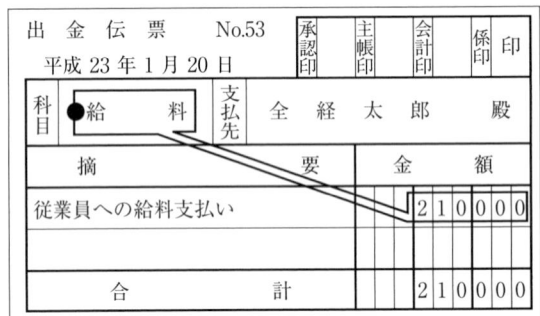

承認印／主帳印／会計印／係印／印

入金伝票 No.11 平成23年1月7日		
科目	●前受金	受取先 福島商店 殿
摘要		金額
受注商品代金一部前受け		50000
合計		50000

出金伝票 No.53 平成23年1月20日		
科目	●給料	支払先 全経太郎 殿
摘要		金額
従業員への給料支払い		210000
合計		210000

平成23年1月7日　商品を引き渡す前にお金（前受金）を受け取った取引です。入金がありますから入金伝票に記入します。

平成23年1月12日　為替手形の引受によって入出金は生じませんので，振替伝票に記入します。

平成23年1月20日　給料の支払いに伴う出金がありますから出金伝票に記入します。

第4問 ●印@4点×4＝16点

商品有高帳
A商品

平成23年		摘　要	受　入			払　出			残　高		
			数量	単価	金額	数量	単価	金額	数量	単価	金額
2	1	前月繰越	100	600	60,000				100	600	60,000
	2	仕　　入	●200	600	120,000				300	600	180,000
	4	売　　上				●160	600	96,000	140	600	84,000
	7	仕　　入	100	610	61,000				●{140	600	84,000
									100	610	61,000
	10	売　　上				●{140	600	84,000			
						30	610	18,300	70	610	42,700
	15	仕　　入	200	620	124,000				{70	610	42,700
									200	620	124,000

	借　　方		貸　　方	
	勘定科目	金　額	勘定科目	金　額
2/2	仕　　入	120,000	買　掛　金	120,000
2/4	売　掛　金	144,000	売　　上	144,000
2/7	仕　　入	61,000	買　掛　金	61,000
2/10	売　掛　金	161,500	売　　上	161,500
2/15	仕　　入	124,000	買　掛　金	124,000

第5問

●印@4点×8=32点

精　算　表

勘定科目	残高試算表 借方	残高試算表 貸方	整理記入 借方	整理記入 貸方	損益計算書 借方	損益計算書 貸方	貸借対照表 借方	貸借対照表 貸方
現　　金	169,000						169,000	
現金過不足		3,000	●3,000					
当座預金	3,440,000						3,440,000	
売 掛 金	1,000,000						1,000,000	
貸倒引当金		9,000		3,000				●12,000
有価証券	900,000						900,000	
繰越商品	220,000		270,000	220,000			270,000	
貸 付 金	500,000						500,000	
備　　品	750,000			250,000			●500,000	
買 掛 金		480,000						480,000
前 受 金		64,000						64,000
借 入 金		2,100,000						2,100,000
資 本 金		4,000,000	50,000					●3,950,000
引 出 金	50,000			50,000				
売　　上		4,220,000				●4,220,000		
受取利息		8,000				8,000		
雑 収 入		116,000				116,000		
仕　　入	1,600,000		220,000	270,000	●1,550,000			
給　　料	890,000				890,000			
広 告 費	200,000				200,000			
交 通 費	510,000				510,000			
通 信 費	190,000				190,000			
消耗品費	30,000				30,000			
支払家賃	360,000				360,000			
水道光熱費	90,000				90,000			
支払利息	101,000				101,000			
	11,000,000	11,000,000						
貸倒引当金繰入			3,000		3,000			
減価償却費			●250,000		250,000			
雑　　益				3,000		3,000		
当期純利益					●173,000			173,000
			796,000	796,000	4,347,000	4,347,000	6,779,000	6,779,000

決算整理事項を１つずつ丁寧に決算整理仕訳して，精算表に記入します。

１．期末商品棚卸高：¥270,000（売上原価の算定）

　この項目は売上原価を算定するための決算整理を要求しているものです。売上原価は次の算式で求められます。期首商品棚卸高は精算表の繰越商品勘定残高から¥220,000，当期商品純仕入高は仕入勘定残高から¥1,600,000であることが分かります。したがって売上原価は次のとおりに求めることができます。この算式を下図のように図示して売上原価を算定すると商品の流れの全体像が把握できて便利です。

※売上原価＝期首商品棚卸高¥220,000＋当期商品純仕入高¥1,600,000
　　　　　－期末商品棚卸高¥270,000＝¥1,550,000

期首商品棚卸高 ¥220,000	売上原価 ¥1,550,000	→損益計算書に記載
当期商品仕入高 ¥1,600,000	期末商品棚卸高 ¥270,000	→貸借対照表に記載

　なお，売上原価算定のための決算整理仕訳と精算表への記入は次のとおりです。

借方科目	借方金額	貸方科目	貸方金額
仕　　　　入	220,000	繰　越　商　品	220,000
繰　越　商　品	270,000	仕　　　　入	270,000

精算表（一部）

勘定科目	残高試算表		整理記入		損益計算書		貸借対照表	
	借　方	貸　方	借　方	貸　方	借　方	貸　方	借　方	貸　方
繰越商品	220,000		270,000	220,000			270,000	
仕　　入	1,600,000		220,000	270,000	1,550,000			

2．貸倒引当金の設定

まず問題の指示に従って，貸倒引当金設定額を求めます。

※貸倒引当金設定額＝売上債権残高×貸倒実績率
　→売掛金残高¥1,000,000×1.2％＝¥12,000

次に，差額補充法により貸倒引当金繰入額を求めます。

※貸倒引当金繰入額＝貸倒引当金設定額－貸倒引当金残高
　→¥12,000－¥9,000＝¥3,000

このように求めた金額について決算整理仕訳と精算表への記入を示すと次のとおりになります。

借方科目	借方金額	貸方科目	貸方金額
貸倒引当金繰入	3,000	貸倒引当金	3,000

精算表（一部）

勘定科目	残高試算表		修正(整理)記入		損益計算書		貸借対照表	
	借方	貸方	借方	貸方	借方	貸方	借方	貸方
売掛金	1,000,000						1,000,000	×1.2％
貸倒引当金		9,000		3,000				12,000
貸倒引当金繰入			3,000		3,000			

3．備品の減価償却

まず問題の指示に従って，当期の減価償却費を求めます。

※減価償却費＝（取得原価－残存価額）÷耐用年数
　　　　　　＝（¥1,250,000－¥0）÷5年＝¥250,000

この金額について決算整理仕訳と精算表への記入を示すと次のとおりになります。

借方科目	借方金額	貸方科目	貸方金額
減 価 償 却 費	250,000	備　　　　品	250,000

精算表（一部）

勘定科目	残高試算表		整理記入		損益計算書		貸借対照表	
	借　方	貸　方	借　方	貸　方	借　方	貸　方	借　方	貸　方
備　　品	750,000			250,000			500,000	
減価償却費			250,000		250,000			

4．現金過不足

　現金過不足勘定は資産・負債・資本（純資産）・収益・費用のいずれにも属さない経過的な勘定科目なので，決算日になっても現金過不足の原因が判明しない場合には，決算日には貸借対照表・損益計算書を作成する都合上，何らかの勘定科目に振り替える必要があります。そこで決算整理事項にある問題の指示に従って決算整理仕訳を行います。決算整理仕訳と精算表への記入を示すと次のとおりになります。

借方科目	借方金額	貸方科目	貸方金額
現 金 過 不 足	3,000	雑　　　　益	3,000

精算表（一部）

勘定科目	残高試算表		整理記入		損益計算書		貸借対照表	
	借　方	貸　方	借　方	貸　方	借　方	貸　方	借　方	貸　方
現金過不足		3,000	3,000					
雑　　　益				3,000		3,000		

※現金過不足は必ず0円にしましょう。0円は精算表に記入しません。

5．引出金の整理

引出金が決算日までに戻されない場合には資本金を減少させます。これを引出金の整理といいます。そこで決算整理事項にある問題の指示に従って決算整理仕訳を行います。決算整理仕訳と精算表への記入を示すと次のとおりになります。

借方科目	借方金額	貸方科目	貸方金額
資 本 金	50,000	引 出 金	50,000

精算表（一部）

勘定科目	残高試算表 借方	残高試算表 貸方	整理記入 借方	整理記入 貸方	損益計算書 借方	損益計算書 貸方	貸借対照表 借方	貸借対照表 貸方
資 本 金		4,000,000	50,000					3,350,000
引 出 金	50,000			50,000				

※引出金は必ず0円にします。ただし，0円は精算表に記入しません。

模擬問題①

第1問 次の取引の仕訳をしなさい。ただし，勘定科目は，次の中から最も正しいと思われるものを選びなさい。(28点)

現　　　　金	当座預金	普通預金	受取手形
約束手形	売掛金	貸付金	前払金
未収金	建物	車両運搬具	備品
買掛金	支払手形	当座借越	借入金
従業員預り金	前受金	貸倒引当金	減価償却累計額
未払金	売上	受取手数料	有価証券売却益
仕入	給料	通信費	消耗品費
交通費	雑費	有価証券売却損	手形売却損

1．北海商店に商品¥630,000の注文をし，内金として¥63,000を現金で支払った。
2．福岡商店から商品¥378,000を仕入れ，代金は約束手形を振り出して支払った。
3．茨城商店に商品（原価¥168,000）を¥210,000で売り渡し，その代金のうち¥150,000は同店振出の約束手形で受け取り，残金は掛けとした。
4．愛媛商店振り出しの約束手形¥440,000を，白桃銀行に割引譲渡した。その際，割引料¥11,000を差し引かれ，残金は当店の当座預金口座に振り込まれた。
5．船橋家具店より事務用の机¥200,000を購入し，代金は送料¥10,000とともに小切手を振り出して支払った。なお，当座預金残高は¥150,000であり，借越限度¥300,000の当座借越契約を結んでいる。
6．従業員への給料¥300,000の支払いに際して，源泉所得税¥18,000を差し引き，残額を現金で支払った。
7．当店はインプレスト・システムを採用している。本日，小払係より次のとおり支払いが行われたとの報告を受け，ただちに同額の小切手を振り出して渡した。

通信費　¥3,000　　消耗品費　¥5,000　　雑費　¥1,000

第2問　次の空欄にあてはまる金額を計算しなさい。なお2については，損益取引以外の取引により生じた純資産の変動はないものとする。(12点)

1	期首商品棚卸高	当期純仕入高	期末商品棚卸高	売上原価	純売上高	売上総利益
	300,000	5,600,000	320,000	（ア）	8,220,000	（イ）
2	期首資産	期首負債	期首純資産	期末純資産	収益	費用
	6,200,000	1,760,000	（ウ）	4,660,000	（エ）	1,890,000

第3問　平成23年における次の取引を入金伝票・出金伝票・振替伝票に記入しなさい。(12点)

7月20日　成田銀行より¥1,000,000を借り入れ，現金で受け取った（伝票No.123）。

7月23日　仕入先勝浦商店より，同店振出，銚子商店受け取りの為替手形¥250,000の引き受けを求められたため，引き受けた（伝票No.374）。

7月25日　仕入先館山商店に対する買掛金¥130,000を現金で支払った（伝票No.259）。

第4問　平成x1年における次の取引を仕入帳および仕入先（買掛金）元帳，支払手形記入帳に記入しなさい。なお，各帳簿とも締め切る必要はない。(16点)

11月4日　広島商店からA商品20個を単価¥42,000で仕入れ，代金は掛けとした。

11月24日　広島商店に対する買掛金の支払いのために，小切手¥340,000を振り出して渡した。

11月29日　広島商店に対する買掛金の支払いのために，約束手形＃54　¥500,000を振り出して渡した。この約束手形の支払期日はx2年

1月9日，支払場所は白桃銀行本店である。

第5問 石川商店（会計期間は1月1日～12月31日）の次の決算整理事項によって精算表を完成しなさい。(32点)

<u>決算整理事項等</u>
1. 期末商品棚卸高　¥240,000
2. 貸倒引当金　売掛金残高の1.2％の貸し倒れを見積もる。差額補充法により処理すること。
3. 備品減価償却　定額法により減価償却費の計算を行い，直接法により記帳している。なお，備品の取得原価は¥2,500,000であり，耐用年数は5年，残存価額はゼロとする。
4. 現金過不足の残高は，原因不明につき雑損とする。
5. 引出金の整理

〔解答欄〕

第1問（28点）

	借　方		貸　方	
	勘　定　科　目	金　　額	勘　定　科　目	金　　額
1				
2				
3				
4				
5				
6				
7				

第2問（12点）

| ア ¥ | イ ¥ | ウ ¥ | エ ¥ |

第3問（12点）

振替伝票　　No.___ 平成　年　月　日					承認印	主帳印	会計印	係印	印
金　額		借方科目	摘　要	貸方科目	金　額				
			合　　計						

入金伝票　No.___ 平成　年　月　日			承認印	主帳印	会計印	係印	印
科目		入金先					殿
摘　　　要			金　　額				
合　　計							

出金伝票　No.___ 平成　年　月　日			承認印	主帳印	会計印	係印	印
科目		支払先					殿
摘　　　要			金　　額				
合　　計							

模擬問題①

第4問（16点）

仕 入 帳

平成x1年	摘　要	内　訳	金　額

仕入先（買掛金）元帳
広島商店

平成x1年		摘　要	借　方	貸　方	借または貸	残　高
11	1	前月繰越		140,000	貸	140,000

支払手形記入帳

平成x1年		摘要	金額	手形種類	手形番号	受取人	振出人	振出日		期日		支払場所	てん末		
								月	日	月	日		月	日	摘要

第5問 (32点)

精算表

勘定科目	残高試算表 借方	残高試算表 貸方	整理記入 借方	整理記入 貸方	損益計算書 借方	損益計算書 貸方	貸借対照表 借方	貸借対照表 貸方
現　　　金	194,000							
現金過不足	8,000							
当 座 預 金	1,640,000							
売　掛　金	3,500,000							
貸倒引当金		30,000						
有価証券	1,200,000							
繰越商品	180,000							
貸　付　金	800,000							
備　　　品	2,000,000							
買　掛　金		2,400,000						
前　受　金		80,000						
借　入　金		1,600,000						
資　本　金		4,500,000						
引　出　金	10,000							
売　　　上		26,350,000						
受取利息		40,000						
仕　　　入	18,200,000							
給　　　料	4,540,000							
広　告　費	164,000							
交　通　費	320,000							
通　信　費	520,000							
消耗品費	110,000							
支 払 家 賃	120,000							
水道光熱費	1,390,000							
支 払 利 息	104,000							
	35,000,000	35,000,000						
貸倒引当金繰入								
減価償却費								
雑　　　損								
当期純(　)								

模擬問題①

〔解答・解説〕

第1問

@4点×7＝28点

	借方		貸方	
	勘定科目	金額	勘定科目	金額
1	前　払　金	63,000	現　　　　金	63,000
2	仕　　　　入	378,000	支　払　手　形	378,000
3	受　取　手　形 売　掛　金	150,000 60,000	売　　　　上	210,000
4	当　座　預　金 手　形　売　却　損	429,000 11,000	受　取　手　形	440,000
5	備　　　　品	210,000	当　座　預　金 当　座　借　越	150,000 60,000
6	給　　　　料	300,000	現　　　　金 従業員預り金	282,000 18,000
7	通　信　費 消　耗　品　費 雑　　　　費	3,000 5,000 1,000	当　座　預　金	9,000

模擬問題①

1．内金の支払いを前払金に借記し，現金に貸記します。
2．勘定科目群より商品に関しては三分法を採用していることが分かるため，仕入に借記し，支払手形に貸記します。
3．売上に貸記し，約束手形の受取を受取手形に，残金を売掛金に借記します。
4．割引に付した約束手形を受取手形に貸記し，割引料を手形売却損に，残金を当座預金に借記します。
5．固定資産は購入時の諸費用を含めて取得原価とし，借記します。また，当座借越契約を結んでいる場合には，当座借越限度内で銀行からの一時的な借入が可能です。よって，支払った代金のうち¥150,000は預金から差し引かれますが，不足分の¥60,000は，銀行からの一時的な借入（当座借越）として貸記します。
6．給料¥300,000の支払いは費用の発生なので借記します。従業員からの預り金は将来税務署に納付するお金であり，当店にとっては負債の科目ですから貸記します。
7．インプレスト・システムを採用している場合，小払係から報告を受けたときに費用計上を行い，報告された費用項目をすべて借記します。

第2問

@3点×4＝12点

| ア | ¥5,580,000 | イ | ¥2,640,000 | ウ | ¥4,440,000 | エ | ¥2,110,000 |

この計算問題は，売上原価および売上総利益の計算と，貸借対照表等式（資産＝負債＋純資産）や損益計算書等式（費用＋当期純利益＝収益）を基本とした貸借対照表と損益計算書の関係を理解しているかを問う問題です。したがって，この算式を図式化して解答すると，全体像が把握できるとともに，問われている問題の解答を得ることができます。

1．売上原価と売上総利益の計算

売上原価＝期首商品棚卸高¥300,000＋当期商品純仕入高¥5,600,000
　　　　－期末商品棚卸高¥320,000＝¥5,580,000

売上総利益＝純売上高¥8,220,000－売上原価¥5,580,000＝¥2,640,000

期首商品棚卸高 ¥300,000	売上原価 ¥5,580,000	→損益計算書に記載
当期商品仕入高 ¥5,600,000	期末商品棚卸高 ¥320,000	→貸借対照表に記載

2．貸借対照表等式や損益計算書等式の計算

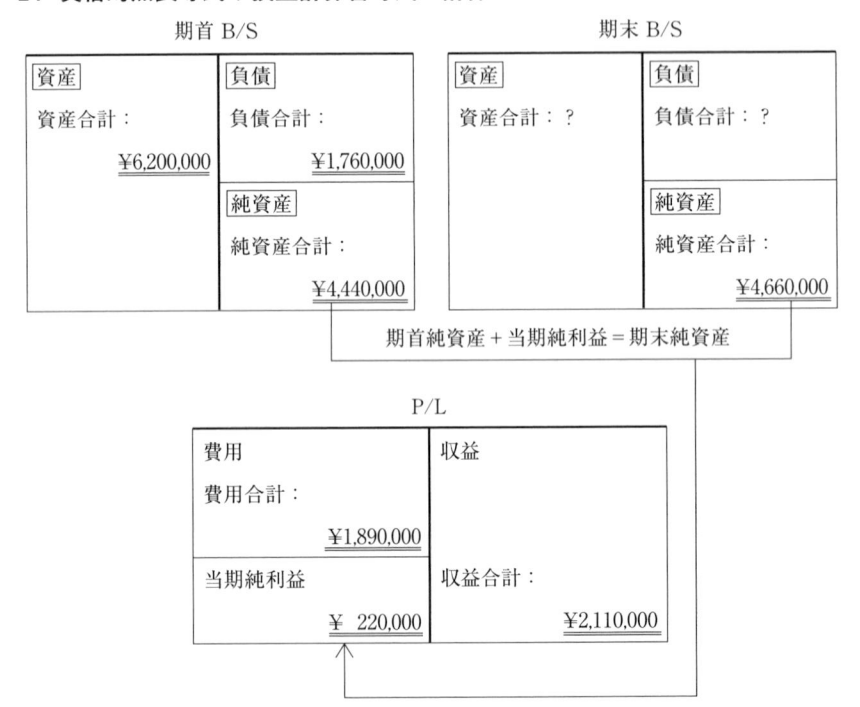

期首 B/S

資産	負債
資産合計： ¥6,200,000	負債合計： ¥1,760,000
	純資産
	純資産合計： ¥4,440,000

期末 B/S

資産	負債
資産合計：？	負債合計：？
	純資産
	純資産合計： ¥4,660,000

期首純資産＋当期純利益＝期末純資産

P/L

費用	収益
費用合計： ¥1,890,000	
当期純利益 ¥220,000	収益合計： ¥2,110,000

第3問　●印@4点×3＝12点

振替伝票　　　　　No.374					承認印	主帳印	会計印	係印	
平成23年7月23日									
金　　額	借方科目	摘　要	貸方科目	金　　額					
●250000	買掛金	為替手形の引き受け	支払手形	250000					
250000		合　　計		250000					

入金伝票　　No.123			承認印	主帳印	会計印	係印
平成23年7月20日						
科目	●借入金	受取先	成田銀行　　殿			
摘　　　　　要			金　　額			
成田銀行より現金借り入れ			1000000			
合　　　計			1000000			

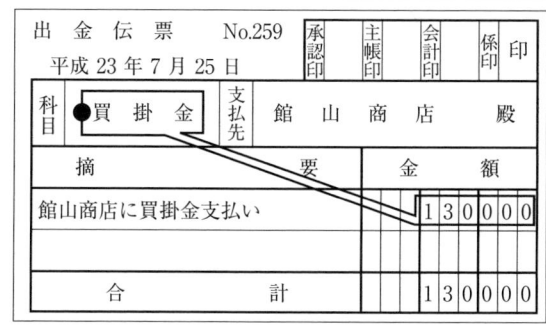

出金伝票　　No.259			承認印	主帳印	会計印	係印
平成23年7月25日						
科目	●買掛金	支払先	館山商店　　殿			
摘　　　　　要			金　　額			
館山商店に買掛金支払い			130000			
合　　　計			130000			

平成23年7月20日　入金がありますから入金伝票に記入します。
平成23年7月23日　為替手形の引受によって入出金は生じませんので，振替伝票に記入します。
平成23年7月25日　出金がありますから出金伝票に記入します。

模擬問題①

第4問　　　　　　　　　　　　　　　　　　●印@4点×4＝16点

仕　入　帳

平成x1年		摘　　　要	内　訳	金　額
11	4	広島商店　　　　　　　　　　掛		
		A商品　20個　@¥42,000		●840,000

仕入先（買掛金）元帳
広島商店

平成x1年		摘　　要	借　方	貸　方	借または貸	残　高
11	1	前月繰越		140,000	貸	140,000
	4	仕入		●840,000	〃	980,000
	24	支払い	340,000		〃	640,000
	29	支払い	●500,000		〃	140,000

支払手形記入帳

平成x1年		摘要	金額	手形種類	手形番号	受取人	振出人	振出日		期日		支払場所	てん末	
								月	日	月	日		月	日 摘要
●11	29	買掛金	500,000	約手	54	広島商店	当店	11	29	1	9	白桃銀行		

借　　方		貸　　方	
勘定科目	金　額	勘定科目	金　額
11/4　仕　　　　入	840,000	買　　掛　　金	840,000
11/24　買　　掛　　金	340,000	当　座　預　金	340,000
11/29　買　　掛　　金	500,000	支　払　手　形	500,000

第5問

●印@4点×8=32点

精 算 表

勘定科目	残高試算表 借方	残高試算表 貸方	整理記入 借方	整理記入 貸方	損益計算書 借方	損益計算書 貸方	貸借対照表 借方	貸借対照表 貸方
現　　　金	194,000						194,000	
現金過不足	8,000			8,000				
当 座 預 金	1,640,000						1,640,000	
売 掛 金	3,500,000						3,500,000	
貸倒引当金		30,000		●12,000				42,000
有価証券	1,200,000						1,200,000	
繰越商品	180,000		240,000	180,000			240,000	
貸 付 金	800,000						800,000	
備　　　品	2,000,000			500,000			●1,500,000	
買 掛 金		2,400,000						2,400,000
前 受 金		80,000						80,000
借 入 金		1,600,000						1,600,000
資 本 金		4,500,000	10,000					●4,490,000
引 出 金	10,000			10,000				
売　　　上		26,350,000				26,350,000		
受 取 利 息		40,000				40,000		
仕　　　入	18,200,000		180,000	240,000	●18,140,000			
給　　　料	4,540,000				4,540,000			
広 告 費	164,000				164,000			
交 通 費	320,000				320,000			
通 信 費	520,000				520,000			
消耗品費	110,000				110,000			
支払家賃	120,000				120,000			
水道光熱費	1,390,000				1,390,000			
支払利息	104,000				104,000			
	35,000,000	35,000,000						
貸倒引当金繰入			12,000		●12,000			
減価償却費			●500,000		500,000			
雑　　　損			8,000		●8,000			
当期純(利益)			●		462,000			462,000
			950,000	950,000	26,390,000	26,390,000	9,074,000	9,074,000

模擬問題①

決算整理事項をひとつずつ丁寧に決算整理仕訳して，精算表に転記します。

1．期末商品棚卸高：¥240,000（売上原価の算定）

　この項目は売上原価を算定するための決算整理を要求しているものです。売上原価は次の算式で求められます。期首商品棚卸高は精算表の繰越商品勘定残高から¥180,000，当期商品純仕入高は仕入勘定残高から¥18,200,000であることがわかります。したがって売上原価は次のとおりに求めることができます。この算式を下図のように図示して売上原価を算定すると商品の流れの全体像が把握できて便利です。

※売上原価＝期首商品棚卸高¥180,000＋当期商品純仕入高¥18,200,000
　　　　　－期末商品棚卸高¥240,000＝¥18,140,000

期首商品棚卸高 ¥180,000	売上原価 ¥18,140,000	→損益計算書に記載
当期商品仕入高 ¥18,200,000	期末商品棚卸高 ¥240,000	→貸借対照表に記載

　なお，売上原価算定のための決算整理仕訳と精算表への記入は次のとおりです。

借方科目	借方金額	貸方科目	貸方金額
仕　　　　入	180,000	繰　越　商　品	180,000
繰　越　商　品	240,000	仕　　　　入	240,000

精算表（一部）

勘定科目	残高試算表		整理記入		損益計算書		貸借対照表	
	借　方	貸　方	借　方	貸　方	借　方	貸　方	借　方	貸　方
繰越商品	180,000		240,000	180,000			240,000	
仕　　入	18,200,000		180,000	240,000	18,140,000			

2．貸倒引当金の設定

まず問題の指示に従って，貸倒引当金設定額を求めます。

※貸倒引当金設定額＝売上債権残高×貸倒実績率
　　→売掛金残高￥3,500,000×1.2％＝￥42,000

次に，差額補充法により貸倒引当金繰入額を求めます。

※貸倒引当金繰入額＝貸倒引当金設定額－貸倒引当金残高
　　→￥42,000－￥30,000＝￥12,000

このように求めた金額について決算整理仕訳と精算表への記入を示すと次のとおりになります。

借方科目	借方金額	貸方科目	貸方金額
貸倒引当金繰入	12,000	貸 倒 引 当 金	12,000

精算表（一部）

勘定科目	残高試算表		整理記入		損益計算書		貸借対照表	
	借 方	貸 方	借 方	貸 方	借 方	貸 方	借 方	貸 方
売 掛 金	3,500,000						3,500,000	×1.2％
貸倒引当金		30,000		12,000				42,000
貸倒引当金繰入			12,000		12,000			

3．備品の減価償却

まず問題の指示に従って，当期の減価償却費を求めます。

※減価償却費＝（取得原価－残存価額）÷耐用年数
　　　　　　＝（￥2,500,000－￥0）÷5年＝￥500,000

この金額について決算整理仕訳と精算表への記入を示すと次のとおりになります。

借方科目	借方金額	貸方科目	貸方金額
減価償却費	500,000	備品	500,000

精算表（一部）

勘定科目	残高試算表		整理記入		損益計算書		貸借対照表	
	借方	貸方	借方	貸方	借方	貸方	借方	貸方
備品	2,000,000			500,000			1,500,000	
減価償却費			500,000		500,000			

4．現金過不足

現金過不足勘定は資産・負債・資本（純資産）・収益・費用のいずれにも属さない経過的な勘定科目なので，決算日になっても現金過不足の原因が判明しない場合には，決算日には貸借対照表・損益計算書を作成する都合上，何らかの勘定科目に振り替える必要があります。そこで決算整理事項にある問題の指示に従って決算整理仕訳を行います。決算整理仕訳と精算表への記入を示すと次のとおりになります。

借方科目	借方金額	貸方科目	貸方金額
雑損	8,000	現金過不足	8,000

精算表（一部）

勘定科目	残高試算表		整理記入		損益計算書		貸借対照表	
	借方	貸方	借方	貸方	借方	貸方	借方	貸方
現金過不足	8,000			8,000				
雑損			8,000		8,000			

※現金過不足は必ず0円にしましょう。0円は精算表に記入しません。

5．引出金の整理

引出金が決算日までに戻されない場合には資本金を減少させます。これを引出金の整理といいます。そこで決算整理事項にある問題の指示に従って決算整理仕訳を行います。決算整理仕訳と精算表への記入を示すと次のとおりになります。

借方科目	借方金額	貸方科目	貸方金額
資　本　金	10,000	引　出　金	10,000

精算表（一部）

勘定科目	残高試算表 借方	残高試算表 貸方	整理記入 借方	整理記入 貸方	損益計算書 借方	損益計算書 貸方	貸借対照表 借方	貸借対照表 貸方
資　本　金		4,500,000	10,000					4,490,000
引　出　金	10,000			10,000				

※引出金は必ず0円にします。ただし，0円は精算表に記入しません。

模擬問題②

第1問 次の取引の仕訳をしなさい。ただし、勘定科目は、次の中から最も正しいと思われるものを選びなさい。(32点)

現　　　金	当座預金	有価証券	受取手形
約束手形	売掛金	前払金	仮払金
未収金	建　　物	車両運搬具	備　　品
買掛金	支払手形	当座借越	借入金
従業員預り金	前受金	仮受金	貸倒引当金
減価償却累計額	資本金	売　　上	有価証券売却益
仕　　入	給　　料	通信費	消耗品費
交通費	雑　　費	有価証券売却損	手形売却損

1. 鹿児島商店から商品￥441,000を掛けで仕入れた。
2. 沖縄商店に商品（原価￥252,000）を￥315,000で売り渡し、その代金のうち￥200,000は同店振出の約束手形で受け取り、残金は掛けとした。
3. 香川商店に対する買掛金￥280,000の支払いのために、同店を名宛人とする約束手形を振り出した。
4. 当店はインプレスト・システムを採用している。本日、小払係より次のとおり支払いが行われたとの報告を受け、ただちに同額の小切手を振り出して渡した。

　　交通費　￥13,000　　消耗品費　￥6,000

5. 店員の出張のための旅費概算額として、現金￥150,000を前渡しした。
6. 当期に売買目的で購入した市川商事株式会社の株式5,000株（帳簿価額￥850,000）を、津田沼商店に￥930,000で売却し、代金は同店振出の小切手で受け取った。
7. 従業員が出張から帰店し、交通費の精算を行い、現金￥8,000を受け取った。なお、従業員の出発時に概算額として￥50,000の現金を渡してあった。
8. 携帯電話の利用料￥10,000が当座預金口座から引き落とされた。このうち、40％は個人的な利用である。

第2問　次の資料によって，期首純資産・売上原価・売上総利益・当期純利益の各金額を求めなさい。損益取引以外の取引により生じた純資産の変動はないものとする。(12点)

(資料)
・期首：資産　　　¥38,800,000（うち，商品¥460,000）
　　　　負債　　　¥16,000,000
・期末：資産　　　¥44,000,000（うち，商品¥500,000）
　　　　負債　　　¥18,000,000
・純売上高：　　　¥22,800,000
・純仕入高：　　　¥ 9,920,000

第3問　次の取引を小口現金出納帳に記入して締め切りなさい。なお，小口現金係は，定額資金前渡制（インプレスト・システム）により毎週金曜日の終業時にその週の支払いを報告し，資金の補給を受けている。(8点)

5月10日　葉書代　　　　　　　¥3,000
　　11日　タクシー代　　　　　¥2,500
　　12日　郵便切手代　　　　　¥2,400
　　13日　新聞代　　　　　　　¥4,200
　　14日　プリンターインク代　¥4,800
　　14日　お茶代　　　　　　　¥3,500

第4問　次のA商品に関する取引につき，先入先出法によって商品有高帳に記入しなさい。なお締め切る必要はない。(16点)

7月 8日　群馬商店からA商品＠¥420で300個を仕入れ，代金は掛けとした。
　　10日　山形商店にA商品＠¥500で250個を売り渡し，代金は掛けとした。
　　16日　群馬商店からA商品＠¥440で300個を仕入れ，代金は掛けとした。
　　22日　岡山商店にA商品＠¥530で320個を売り渡し，代金は掛けとした。

第5問 高知商店（会計期間は平成X3年1月1日～12月31日）の元帳勘定残高と次の決算整理事項によって損益計算書と貸借対照表を完成しなさい。(32点)

<u>元帳勘定残高</u>

現　　　　金	¥　　40,000	当 座 預 金	¥ 1,620,000	売　掛　金	¥1,500,000
貸倒引当金	¥　　12,000	有 価 証 券	¥ 1,000,000	繰 越 商 品	¥ 280,000
貸　付　金	¥1,600,000	備　　　　品	¥ 1,200,000	買　掛　金	¥ 230,000
前　受　金	¥　 60,000	借　入　金	¥ 1,200,000	資　本　金	¥4,800,000
引　出　金	¥　 20,000	売　　　　上	¥20,520,000	受取手数料	¥ 150,000
受 取 利 息	¥　 20,000	仕　　　　入	¥15,160,000	給　　　　料	¥3,450,000
広　告　費	¥ 260,000	交　通　費	¥ 330,000	通　信　費	¥ 160,000
消 耗 品 費	¥　 10,000	支 払 家 賃	¥ 250,000	水道光熱費	¥ 70,000
支 払 利 息	¥　 50,000	現金過不足 (貸方残高)	¥ 8,000		

<u>決算整理事項</u>

1．期末商品棚卸高　　　¥160,000
2．貸倒引当金　　　　　売掛金残高の1.2％の貸し倒れを見積もる。差額補充法により処理すること。
3．備品減価償却　　　　定額法により減価償却費の計算を行い，直接法により記帳している。
　　　　　　　　　　　なお，備品は当期首に購入し，ただちに事業の用に供している。耐用年数は5年，残存価額はゼロである。
4．現金過不足の残高は，原因不明につき雑益とする。
5．引出金の整理

〔解答欄〕

第1問（32点）

	借　方		貸　方	
	勘　定　科　目	金　　額	勘　定　科　目	金　　額
1.				
2.				
3.				
4.				
5.				
6.				
7.				
8.				

第2問（12点）

期首純資産	¥
売 上 原 価	¥
売上総利益	¥
当期純利益	¥

第3問（8点）

小口預金出納帳

受入	平成23年		摘要	支払	内訳				残高
					通信費	交通費	消耗品費	雑費	
30,000	5	10	前週繰越						30,000
			合計						
		14	本日補給						
		〃	次週繰越						
	5	17	前週繰越						

第4問 （16点）

商品有高帳
A商品

平成 x年		摘要	受　入			払　出			残　高		
			数量	単価	金額	数量	単価	金額	数量	単価	金額
7	1	前月繰越	50	420	21,000				50	420	21,000

第5問 （32点）

損益計算書
平成X3年1月1日～平成X3年12月31日

費　用	金　額	収　益	金　額
売 上 原 価	(　　　　)	売 上 高	(　　　　)
給　　　料	(　　　　)	受 取 手 数 料	(　　　　)
広 告 費	(　　　　)	受 取 利 息	(　　　　)
交 通 費	(　　　　)	(　　　　　)	(　　　　)
通 信 費	(　　　　)		
消 耗 品 費	(　　　　)		
支 払 家 賃	(　　　　)		
水 道 光 熱 費	(　　　　)		
貸倒引当金繰入	(　　　　)		
減 価 償 却 費	(　　　　)		
支 払 利 息	(　　　　)		
当 期 純 利 益	(　　　　)		
	(　　　　)		(　　　　)

貸借対照表
平成X3年12月31日

資　　産	金　　額	負債および純資産	金　　額
現　　　　　金	(　　　)	買　掛　金	(　　　)
当　座　預　金	(　　　)	前　受　金	(　　　)
売　　掛　　金	(　　)	借　入　金	(　　　)
貸倒引当金	(　　)(　　)	資　本　金	(　　　)
有　価　証　券	(　　　)	(　　　　　)	(　　　)
商　　　　　品	(　　　)		
貸　　付　　金	(　　　)		
備　　　　　品	(　　　)		
	(　　　)		(　　　)

模擬問題②

〔解答・解説〕

第1問

@4点×8＝32点

	借方		貸方	
	勘定科目	金額	勘定科目	金額
1	仕入	441,000	買掛金	441,000
2	受取手形 売掛金	200,000 115,000	売上	315,000
3	買掛金	280,000	支払手形	280,000
4	交通費 消耗品費	13,000 6,000	当座預金	19,000
5	仮払金	150,000	現金	150,000
6	現金	930,000	有価証券 有価証券売却益	850,000 80,000
7	現金 交通費	8,000 42,000	仮払金	50,000
8	通信費 資本金	6,000 4,000	当座預金	10,000

模擬問題②

1．勘定科目群より商品に関しては三分法を採用していることが分かるため，仕入に借記し，買掛金に貸記します。
2．売上に貸記し，約束手形の受取を受取手形に，残金を売掛金に借記します。
3．買掛金の支払いを買掛金に借記し，約束手形の振出を支払手形に貸記します。
4．小払係から報告を受けた交通費と消耗品費に借記し，小切手の振出を当座預金に貸記します。
5．確定した旅費ではないため，仮払金に借記し，現金に貸記します。
6．¥850,000の有価証券という資産が減少し（貸方），¥930,000の現金という資産が増加しています（借方）。差額の¥80,000を有価証券の売却による儲け（有価証券売却益）として，貸記します。
7．出張時に¥50,000の現金を渡していたのですから，次のような仕訳が行われたはずです。
　　（借）仮　　払　　金　　50,000　　（貸）現　　　　　金　　50,000
　　従業員が帰店し旅費の精算を行いましたから，仮払金を帳簿から消去するために貸記します。概算払いされていた¥50,000と返金された¥8,000の差額¥42,000が交通費ということになり，費用の増加なので，借記します。
8．事業の費用として計上することが認められるのは，事業のために消費されたものだけに限定されます。ですから，個人的な理由による消費は事業主による資本の引出として処理しなければなりません。本問では，¥6,000分が事業のために必要な携帯電話使用であり，通信費という費用として処理します（借記）。一方，残り¥4,000分は個人的な利用ですから資本の引出（資本金の減少）として扱わなければなりません（借記）。

第2問　　　　　　　　　　　　　　　　　　　　　　@3点×4＝12点

期首純資産	￥2,800,000
売 上 原 価	￥9,880,000
売上総利益	￥12,920,000
当期純利益	￥3,200,000

　この計算問題は，貸借対照表等式（資産＝負債＋純資産）や損益計算書等式（費用＋当期純利益＝収益）を基本とした貸借対照表と損益計算書の関係と売上原価および売上総利益の計算を理解しているかを問う問題です。したがって，この算式を図式化して解答すると，全体像が把握できるとともに，問われている問題の解答を得ることができます。

1．貸借対照表等式や損益計算書等式の計算

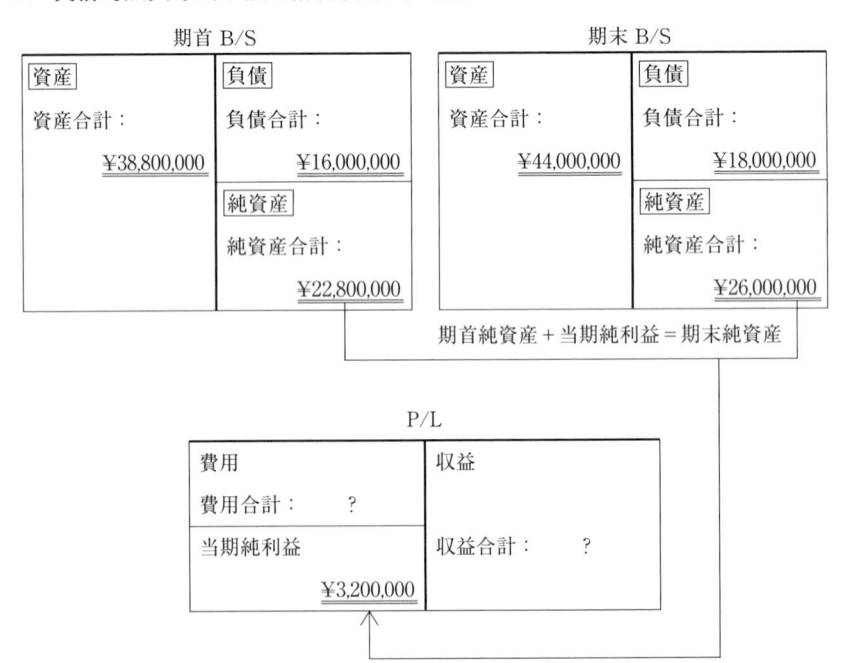

期首 B/S

資産	負債
資産合計： ￥38,800,000	負債合計： ￥16,000,000
	純資産
	純資産合計： ￥22,800,000

期末 B/S

資産	負債
資産合計： ￥44,000,000	負債合計： ￥18,000,000
	純資産
	純資産合計： ￥26,000,000

期首純資産＋当期純利益＝期末純資産

P/L

費用	収益
費用合計：　？	
当期純利益	収益合計：　？
￥3,200,000	

模擬問題②

2．売上原価と売上総利益の計算

売上原価＝期首商品棚卸高¥460,000＋当期商品純仕入高¥9,920,000
　　　　－期末商品棚卸高¥500,000＝¥9,880,000

売上総利益＝純売上高¥22,800,000－売上原価¥9,880,000
　　　　　＝12,920,000

期首商品棚卸高 ¥460,000	売上原価 ¥9,880,000	→損益計算書に記載
当期商品仕入高 ¥9,920,000	期末商品棚卸高 ¥500,000	→貸借対照表に記載

第3問

●印@2点×4＝8点

小口現金出納帳

受入	平成23年		摘要	支払	内訳				残高
					通信費	交通費	消耗品費	雑費	
30,000	5	10	前週繰越						30,000
	〃		葉書代	3,000	3,000				27,000
		11	タクシー代	2,500		2,500			●24,500
		12	郵便切手代	2,400	●2,400				22,100
		13	新聞代	4,200				4,200	17,900
		14	プリンターインク代	4,800			4,800		13,100
	〃		お茶代	3,500				3,500	9,600
			合　計	●20,400	5,400	2,500	4,800	7,700	
20,400		14	本日補給						30,000
	〃		次週繰越	●30,000					
50,400				50,400					
30,000	5	17	前週繰越						30,000

毎日の支払いを該当する勘定欄に当てはめて記入していきます。
- 葉書代・郵便切手代：相手と通信を行うための費用なので，通信費とします。
- タクシー代：移動するための費用なので，交通費とします。
- プリンターインク代：業務において短期間に消費する物品に関する費用なので，消耗品費とします。
- 新聞代・お茶代：種々雑多な項目なので，雑費とします。

本問では週末に補給が行われています。インプレスト・システムが採用されているのですから，補給額はその週の消費額であり，本問ではこの週の消費合計額である¥20,400となります。その結果，¥30,000が翌週5/17に繰り越され，週の最初の段階で¥30,000となり，5/10と同じになります。このように，インプレスト・システムでは週初の段階で同額が小口現金係の手元にあるように補給されます。

第4問

●印@4点×4＝16点

平成x年		摘要	受入			払出			残高		
			数量	単価	金額	数量	単価	金額	数量	単価	金額
7	1	前月繰越	50	420	21,000				50	420	21,000
	8	仕 入	●300	420	126,000				350	420	147,000
	10	売 上				●250	420	105,000	100	420	42,000
	16	仕 入	300	440	132,000				●{100	420	42,000
									300	440	132,000
	22	売 上				{100	420	42,000			
						●{220	440	96,800	80	440	35,200

	借	方	貸	方
	勘定科目	金額	勘定科目	金額
7/8	仕　　　入	126,000	買　　掛　　金	126,000
7/10	売　掛　金	125,000	売　　　　　上	125,000
7/16	仕　　　入	132,000	買　　掛　　金	132,000
7/22	売　掛　金	169,000	売　　　　　上	169,000

第5問

●印@4点×8＝32点

<u>損益計算書</u>
平成X3年1月1日～平成X3年12月31日

費用	金額	収益	金額
売上原価	(●15,280,000)	売上高	(20,520,000)
給料	(3,450,000)	受取手数料	(150,000)
広告費	(260,000)	受取利息	(20,000)
交通費	(330,000)	(雑　　　益)	(●8,000)
通信費	(60,000)		
消耗品費	(10,000)		
支払家賃	(250,000)		
水道光熱費	(70,000)		
貸倒引当金繰入	(●6,000)		
減価償却費	(●240,000)		
支払利息	(50,000)		
当期純利益	(●592,000)		
	(20,678,000)		(20,678,000)

模擬問題②

貸借対照表
平成 X3年12月31日

資　　産	金　　額	負債および純資産	金　　額
現　　　　金	(　　40,000)	買　　掛　　金	(　　230,000)
当 座 預 金	(1,620,000)	前　　受　　金	(　　60,000)
売　　掛　　金	(1,500,000)	借　　入　　金	(1,200,000)
貸 倒 引 当 金	(●18,000) (1,482,000)	資　　本　　金	(●4,780,000)
有 価 証 券	(1,000,000)	(当期純利益)	(　　592,000)
商　　　　品	(　　160,000)		
貸　　付　　金	(1,600,000)		
備　　　　品	(●960,000)		
	(6,862,000)		(6,862,000)

　　決算整理事項をひとつずつ丁寧に決算整理仕訳して，精算表に転記します。

1．期末商品棚卸高：￥160,000（売上原価の算定）

　この項目は売上原価を算定するための決算整理を要求しているものです。売上原価は次の算式で求められます。期首商品棚卸高は元帳残高の繰越商品勘定から￥280,000，当期商品純仕入高は仕入勘定残高から￥15,160,000であることが分かります。したがって売上原価は次のとおりに求めることができます。この算式を下図のように図示して売上原価を算定すると商品の流れの全体像が把握できて便利です。

※売上原価＝期首商品棚卸高￥280,000＋当期商品純仕入高￥15,160,000
　　　　　－期末商品棚卸高￥160,000＝￥15,280,000

	期首商品棚卸高	売上原価	→損益計算書に記載
	¥280,000	¥15,280,000	
	当期商品仕入高	期末商品棚卸高	→貸借対照表に記載
	¥15,160,000	¥160,000	

なお，売上原価算定のための決算整理仕訳と精算表への記入は次のとおりです。

借方科目	借方金額	貸方科目	貸方金額
仕　　　　入	280,000	繰　越　商　品	280,000
繰　越　商　品	160,000	仕　　　　入	160,000

精算表（一部）

勘定科目	残高試算表		整理記入		損益計算書		貸借対照表	
	借　方	貸　方	借　方	貸　方	借　方	貸　方	借　方	貸　方
繰越利益	280,000		160,000	280,000			160,000	
仕　　入	15,160,000		280,000	160,000	15,280,000			

2．貸倒引当金の設定

まず問題の指示に従って，貸倒引当金設定額を求めます。

※貸倒引当金設定額＝売上債権残高×貸倒実績率
　　→売掛金残高¥1,500,000×1.2％＝¥18,000

次に，差額補充法により貸倒引当金繰入額を求めます。

※貸倒引当金繰入額＝貸倒引当金設定額－貸倒引当金残高
　　→¥18,000－¥12,000＝¥6,000

このように求めた金額について決算整理仕訳と精算表への記入を示すと次のとおりになります。

借方科目	借方金額	貸方科目	貸方金額
貸倒引当金繰入	6,000	貸倒引当金	6,000

精算表（一部）

勘定科目	残高試算表		整理記入		損益計算書		貸借対照表	
	借方	貸方	借方	貸方	借方	貸方	借方	貸方
売掛金	1,500,000						1,500,000	×1.2%
貸倒引当金		12,000		6,000				18,000
貸倒引当金繰入			6,000		6,000			

3．備品の減価償却

まず問題の指示に従って，当期の減価償却費を求めます。

※減価償却費＝（取得原価－残存価額）÷耐用年数
　　　　　　＝（¥1,200,000－¥0）÷5年＝¥240,000

この金額について決算整理仕訳と精算表への記入を示すと次のとおりになります。

借方科目	借方金額	貸方科目	貸方金額
減価償却費	240,000	備品	240,000

精算表（一部）

勘定科目	残高試算表		整理記入		損益計算書		貸借対照表	
	借方	貸方	借方	貸方	借方	貸方	借方	貸方
備品	1,200,000			240,000			960,000	
減価償却費			240,000		240,000			

4．現金過不足

現金過不足勘定は資産・負債・資本（純資産）・収益・費用のいずれにも属さない経過的な勘定科目なので，決算日になっても現金過不足の原因が判明しない場合には，決算日には貸借対照表・損益計算書を作成する都合上，何らかの勘定科目に振り替える必要があります。そこで決算整理事項にある問題の指示に従って決算整理仕訳を行います。決算整理仕訳と精算表への記入を示すと次のとおりになります。

借方科目	借方金額	貸方科目	貸方金額
現金過不足	8,000	雑　　　益	8,000

精算表（一部）

勘定科目	残高試算表		整理記入		損益計算書		貸借対照表	
	借　方	貸　方	借　方	貸　方	借　方	貸　方	借　方	貸　方
現金過不足		8,000	8,000					
雑　　益				8,000		8,000		

※現金過不足は必ず0円にしましょう。0円は精算表に記入しません。

5．引出金の整理

引出金が決算日までに戻されない場合には資本金を減少させます。これを引出金の整理といいます。そこで決算整理事項にある問題の指示に従って決算整理仕訳を行います。決算整理仕訳と精算表への記入を示すと次のとおりになります。

借方科目	借方金額	貸方科目	貸方金額
資　本　金	20,000	引　出　金	20,000

精算表（一部）

勘定科目	残高試算表 借方	残高試算表 貸方	整理記入 借方	整理記入 貸方	損益計算書 借方	損益計算書 貸方	貸借対照表 借方	貸借対照表 貸方
資本金		4,800,000	20,000					4,780,000
引出金	20,000			20,000				

※引出金は必ず０円にします。ただし，０円は精算表に記入しません。

【全国経理教育協会簿記能力検定試験とは】

　公益社団法人全国経理教育協会（全経）は，昭和31年3月社団法人全国経理学校協会として文部省認可（現文部科学省）によって設立された，伝統と歴史と信頼を持った公益法人です。（平成17年4月現名称に変更。平成23年4月公益社団法人となり，法人格が変更されました。）

　現在，全国250校の専門学校が会員校として協会に加盟し，日本の簿記経理教育の普及向上と産業経済の発展に寄与するため以下8つの「能力検定試験」を実施しており，毎年約20万人が受験しています。

　　簿記能力検定試験　電卓計算能力検定試験　税務会計能力検定試験
　　計算実務能力検定試験　社会常識能力検定試験　文書処理能力検定試験
　　IT活用能力検定試験　コンピュータ会計能力検定試験

　簿記能力検定試験は昭和31年10月第1回の試験を実施，以後，年3回行われています。昭和36年5月文部省（現文部科学省）後援となり，さらに昭和58年8月，国税庁より簿記上級試験合格者に税理士試験受験資格付与の示達をうけ現在に至っています。

　内容は，将来，企業で経理事務を担当しようとしている人には必要不可欠の試験です。優れた簿記能力・経理能力は常に求められているので，資格を取得すれば就職の際には心強いパートナーになります。また「上級」に合格すると，税理士試験の受験資格が与えられます。

試験の内容

4級	簿記の基礎的な知識を有し，かつ初歩的な実務処理ができる。
3級	個人企業における経理担当者又は経理補助者として必要な商業簿記に関する知識を有し，かつ簡易な実務処理ができる。

2級	個人企業及び法人企業の経理担当者又は経理事務員として必要な商業簿記に関する知識を有し，かつ実務処理ができる。
1級	商企業及び工企業における経理責任者として必要な商業簿記及び工業簿記に関する知識を有し，かつ高度な実務処理ができる。
上級	商業簿記，会計学，工業簿記及び原価計算について高度な知識を有し，併せて複雑な実務処理能力を有する。 ※合格者には，税理士試験受験資格が与えられる。

実施方法：筆記試験

合格条件：各級とも1科目100点満点とし，全科目得点70点以上を合格とする。ただし，上級は，各科目の得点が40点以上で全4科目の合計得点が280点以上を合格とする。

※1：1級については，会計または工業簿記の1科目だけ合格し，1年以内に残りの科目に合格した場合，1級合格証書の交付となります。

受験資格：制限はありません。

試験日時：毎年7月・11月・2月に全国一斉にて開始

試験時間：各90分

試験会場：当協会が指定した全国各地の専門学校

受験料（税込）：

上級※	7,000円
1級	会計：1,500円 工業簿記：1,500円
2級	1,500円
3級	1,200円
4級	1,000円

※「上級」は7月と2月の年2回の施行です。

申込方法：
1．試験会場への窓口申込み，2．インターネットによる申込みがあります。

いずれかの方法を選びお申込みください。
詳しいお問い合わせは協会ホームページか直接お問い合わせ下さい。

公益社団法人全国経理教育協会
http://www.zenkei.or.jp/index.html
〒170-0004　東京都豊島区北大塚１丁目13番12号
TEL.03-3918-6131　FAX.03-3918-6196

執筆者紹介

佐藤信彦（さとう　のぶひこ）第１章　編著者
　　明治大学専門職大学院会計専門職研究科　教授

石山　宏（いしやま　ひろし）第２章～第６章，第12章
　　東京国際大学商学部　准教授

本所靖博（ほんじょ　やすひろ）第７章，第８章，第10章，第11章
　　明治大学農学部　講師

小野正芳（おの　まさよし）第９章，第13章
　　千葉経済大学　准教授

■編著者紹介

佐藤信彦（さとう　のぶひこ）

1982年明治大学商学部卒業。明治大学大学院商学研究科博士後期課程退学後，市邨学園短期大学，日本大学経済学部を経て現在，明治大学専門職大学院会計専門職研究科教授。

2006年～2010年公認会計士試験委員。現在，税理士試験委員，公益社団法人全国経理教育協会簿記能力検定試験上級審査会委員，企業会計基準委員会リース会計専門委員会専門委員，日本会計教育学会理事および日本会計研究学会理事。

主要著書

『リース会計基準の論理（編著）』（税務経理協会，2009年）『財務諸表論の要点整理（第10版）』（中央経済社，2009年），『国際会計基準制度化論（編著）』（白桃書房，2008年），『業績報告と包括利益（編著）』（白桃書房，2003年），『金融リスクの会計（共著）』（東京経済情報出版，2003年）など。

■公益社団法人全国経理教育協会主催
　簿記能力検定試験標準テキスト　　３級商業簿記

■発行日──2012年５月26日　初版発行　　　　　〈検印省略〉

■監修者──公益社団法人全国経理教育協会
　　　　　　（こうえきしやだんほうじんぜんこくけいりきよういくきようかい）
■編著者──佐藤信彦
　　　　　　（さとうのぶひこ）
■発行者──大矢栄一郎
■発行所──株式会社　白桃書房
　　　　　　　　　　　　　（はくとうしよぼう）
　　　　　　〒101-0021　東京都千代田区外神田5-1-15
　　　　　　☎03-3836-4781　℻03-3836-9370　振替00100-4-20192
　　　　　　http://www.hakutou.co.jp/

■印刷・製本──藤原印刷

© Nobuhiko Sato 2012　Printed in Japan　ISBN 978-4-561-35196-2 C3334

本書のコピー，スキャン，デジタル化等の無断複製は著作権法上での例外を除き禁じられています。本書を代行業者等の第三者に依頼してスキャンやデジタル化することは，たとえ個人や家庭内の利用であっても著作権法上認められません。

JCOPY　〈(社)出版者著作権管理機構　委託出版物〉
本書の無断複写は著作権法上での例外を除き禁じられています。複写される場合は，そのつど事前に，(社)出版者著作権管理機構（電話03-3513-6969，FAX03-3513-6979，e-mail：info@jcopy.co.jp）の許諾を得てください。

落丁本・乱丁本はおとりかえいたします。